张立辉 / 著

梁思成与林徽因画传

当代世界出版社
THE CONTEMPORARY WORLD PRESS

图书在版编目（CIP）数据

梁思成与林徽因画传 / 张立辉著 . -- 北京：当代世界出版社 , 2017.7
　　ISBN 978-7-5090-1236-9

Ⅰ . ①梁… Ⅱ . ①张… Ⅲ . ①梁思成（1901-1972）—传记—画册②林徽因（1904-1955）—传记—画册 Ⅳ . ① K826.16-64

中国版本图书馆 CIP 数据核字 (2016) 第 156244 号

书　　名	梁思成与林徽因画传
出版发行	当代世界出版社
地　　址	北京市复兴路 4 号（100860）
网　　址	http://www.worldpress.org.cn
编务电话	（010）83908456
发行电话	（010）83908409
	（010）83908455
	（010）83908377
	（010）83908423（邮购）
	（010）83908410（传真）
经　　销	全国新华书店
印　　刷	北京华联印刷有限公司
开　　本	710 毫米 ×1000 毫米 1/16
印　　张	14.5
字　　数	200 千字
版　　次	2017 年 10 月第 1 版
印　　次	2017 年 10 月第 1 次
书　　号	978-7-5090-1236-9
定　　价	42.00 元

如发现印装质量问题，请与承印厂联系调换。
版权所有，翻印必究，未经许可，不得转载！

前言

对于梁思成和林徽因的经历，可能最吸引读者的是他们传奇般的爱情故事，可是当我们深入了解后，就会发现，他们的故事不只那么简单。

梁启超在《学问之趣味》中说："我是个主张趣味主义的人，倘若用化学化分'梁启超'这件东西，把里头所含一种原素名为'趣味'的抽出来，只怕所剩下的仅有个零了。"

梁思成和林徽因也是这样的趣味主义者，他们一生近距离地接触了中国近代史上的重大事件，对一切美好事物都充满了激情，他们的精彩故事不仅是爱情，还有建筑、美术、戏剧、文学、历史、考古等方面的经历和成就。

在那个时代，他们始终无法脱离现实与环境。梁思成出生在流亡的日本，林徽因出生在客居的杭州，他们的一生几乎都处于颠沛流离之中。

虽然战争和政治一直伴随着他们，但是他们并没有被纷繁的困扰所影响，或者避之于国外，而是在祖国危难之际，依然和祖国共同承担沉痛的命运。他们在事业上选择了研究中国古建筑，不只是因为喜爱，更是满怀着对祖国文化深深的爱。

从他们的一生，我们能够看到那个时代的发展和变化；在他们的身上，我们可以看到人生的厚重和精彩。

目 录

第一部分　梁启超与梁思成

- 梁启超家谱 / 004
- 万木草堂 / 006
- 喜结良缘 / 008
- 戊戌变法，流亡日本 / 010
- 出生东京，就读横滨 / 012
- 童年时代 / 014
- 游览奈良 / 016
- 载誉归国 / 018
- 中学时代 / 020
- 清华之缘 / 022
- 半生在清华 / 023
- 赴巴黎和会 / 024
- 参与五四运动 / 026
- 入住清华园 / 028

第二部分　林长民与林徽因

- 林长民家谱 / 034
- 终身挚友 / 036
- 童年时代 / 038
- 中学时代 / 040
- 梁林初见 / 041
- 游学欧洲 / 042
- 遇见徐志摩 / 044
- 北平雪池斋 / 045
- 有缘无份 / 046
- 晨报副刊 / 047
- 新月沙龙 / 048

陪同泰戈尔 / 050

饰演奇德拉 / 052

第三部分　婚前婚后

飞来横祸 / 058

在协和接受治疗 / 059

初到美国 / 060

求学宾大 / 062

宾大同窗 / 064

梁母病故，林父过世 / 066

确定职业生涯 / 068

求学哈佛 / 070

求学耶鲁 / 072

梁林成婚 / 074

赴欧旅行 / 076

回乡省亲 / 078

第四部分　事业的奠基

东北大学任教 / 084

在沈阳安家 / 086

投入教育事业 / 088

基泰公司 / 090

大师离世 / 092

在香山养病 / 094

才女林徽因 / 095

总布胡同 / 098

加入营造学社 / 100

前人李诫 / 102
搭档刘敦桢 / 104

第五部分　太太的客厅

太太的客厅 / 110
挚友金岳霖 / 111
知己徐志摩 / 112
好友沈从文 / 116
青年萧乾 / 117
故友常书鸿 / 118
美学家朱光潜 / 119
好友费氏夫妇 / 120
法学家钱端升 / 121
好友周培源 / 122
学者张奚若 / 124
房主叶公超 / 125

第六部分　寻遍中国古建筑

走出北京 / 130
蓟县独乐寺 / 132
宝坻广济寺 / 134
古城正定 / 136
大同之行 / 138
云冈石窟 / 140
应县木塔 / 142
赵州桥 / 144
洪洞广胜寺 / 146

发现晋祠　/ 148

烟雨江南　/ 150

山东之行　/ 151

龙门石窟　/ 152

陕西之行　/ 154

永寿寺雨花宫　/ 156

中国第一国宝　/ 158

第七部分　流亡岁月

告别北平　/ 164

千里运镭　/ 165

漂往长沙，逃亡昆明　/ 166

西南联大　/ 168

梁林旧居　/ 170

考查川滇　/ 172

李庄岁月　/ 174

弟弟捐躯　/ 176

病困交加　/ 178

破译天书　/ 179

著建筑史　/ 180

返回北平　/ 181

第八部分　誉满世界

创办清华建筑系　/ 186

在耶鲁讲学　/ 187

当选院士 / 188

设计国旗 / 189

挽救景泰蓝 / 190

战友陈占祥 / 191

规划北京 / 192

"梁陈方案" / 193

设计人民英雄纪念碑 / 194

第九部分　永别亲友

死是安慰 / 200

设计革命公墓 / 201

相伴林洙 / 202

感情错综复杂 / 203

姨娘王桂荃 / 204

梁思成离世 / 205

林母何雪媛 / 206

金岳霖去世 / 207

第十部分　身后人与事

女儿梁再冰 / 212

儿子梁从诫 / 213

梁思成建筑奖 / 214

营造学社纪念馆 / 216

后记 / 217

梁启超与梁思成

第一部分

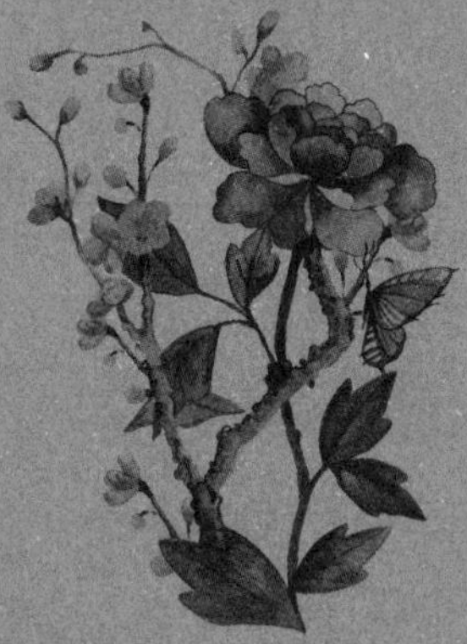

一对学者伉俪，一段激荡历史

几十年的峥嵘岁月里，一直

传说着她的美丽、才华、魅力和爱情

传说着他对一座座古城的眷恋和痴迷

梁启超家谱

1873 年 2 月 23 日出生，1929 年 1 月 19 日去世

　　梁启超，字卓如，号任公，又号饮冰室主人，中国近代史上著名的政治家、思想家、教育家、历史学家、文学家，戊戌变法领袖之一，其著作合编为《饮冰室合集》。

```
                              ┌── 长女 梁思顺   1893—1966
                              │                 诗词研究家
                  ┌─ 李惠仙 ──┤── 长子 梁思成   1901—1972
                  │           │                 建筑学家、院士
                  │           └── 次女 梁思庄   1908—1986
                  │                             图书馆学家
      ┌─ 赵氏 ───┤
      │          │── 梁启超
      │          │           ┌── 长子 梁思永   1904—1954
      │          │           │                 考古学家、院士
      │          │           ├── 次子 梁思忠   1907—1932 西点军校
      │          │           │                 毕业，炮兵校官
      │          └─ 王桂荃 ──┤── 三子 梁思达   1912—2001 经济学家
      │                      │
      │                      ├── 长女 梁思懿   1914—1988 曾任中国红
      │                      │                 十字会对外联络部主任
      │                      ├── 次女 梁思宁   1916—2006 早年就读南
      │                      │                 开大学，后参加革命
      │                      └── 四子 梁思礼   1924—2016 火箭专家、
      │                                        中国科学院院士
梁宝瑛 ┤
      │          ┌── 梁启勋
      │          │
      └─ 吴氏 ───┤── 梁启业
                 │
                 ├── 梁启文
                 │
                 └── 梁启雄
```

梁启超家谱

万木草堂

1891年梁启超18岁

1889年,来自广东新会的17岁天才少年梁启超中了举人,可是次年去京城参加会试却不幸未中。回家路上,梁启超途径上海时买了一本介绍世界地理的《瀛环志略》,他这才知道世界上有五大洲。回到广州后,梁启超继续在越秀山的学海堂书院读书。

同年,康有为举家迁往广州,他曾以布衣上书光绪皇帝,名动天下。梁启超和同学陈千秋去请教康有为,马上被康有为的学识所折服,并拜其为师,一时间青年学子们纷纷慕名而来。1891年康有为应陈千秋、梁启超之请,租赁长兴里邱氏书室,创建了万木草堂。

邱氏书室建于1804年,位于广州老城繁华的惠爱东路长兴里,是清朝丘姓家族建的祠堂兼书室,也是邱氏子弟到省城应试时借住学习的地方。邱氏书室之所以建在这里,是因为当年科举考试的地方就在几百米外的番禺学宫。番禺学宫是当年广东省的最高学府,梁启超就是在这里考中的举人。

万木草堂存在的时间并不长,曾三次迁址,现在保留下来的只是第一个旧址,后两处旧址现在都已经不存在了。1926年,番禺学宫被租给毛泽东开办农民运动讲习所,建国后这里便成了全国重点文物保护单位。2004年广州市政府对万木草堂进行了修缮,并将其作为越秀区博物馆向市民开放。

康有为在邱氏书室收徒讲学,培植栋梁之才,并撰写了《长兴学记》,将其作为万木草堂的学规。《长兴学记》的"长兴"取自万木草堂所在的长兴里。梁启超在万木草堂中接受康有为的思想学说,并由此跟随老师走上了改革维新的道路,世人将二人合称为"康梁"。

梁启超的老师康有为，后来两人合称"康梁"。

看到《瀛环志略》中的世界地图时，梁启超才知道世界有五大洲。

《学海堂集》

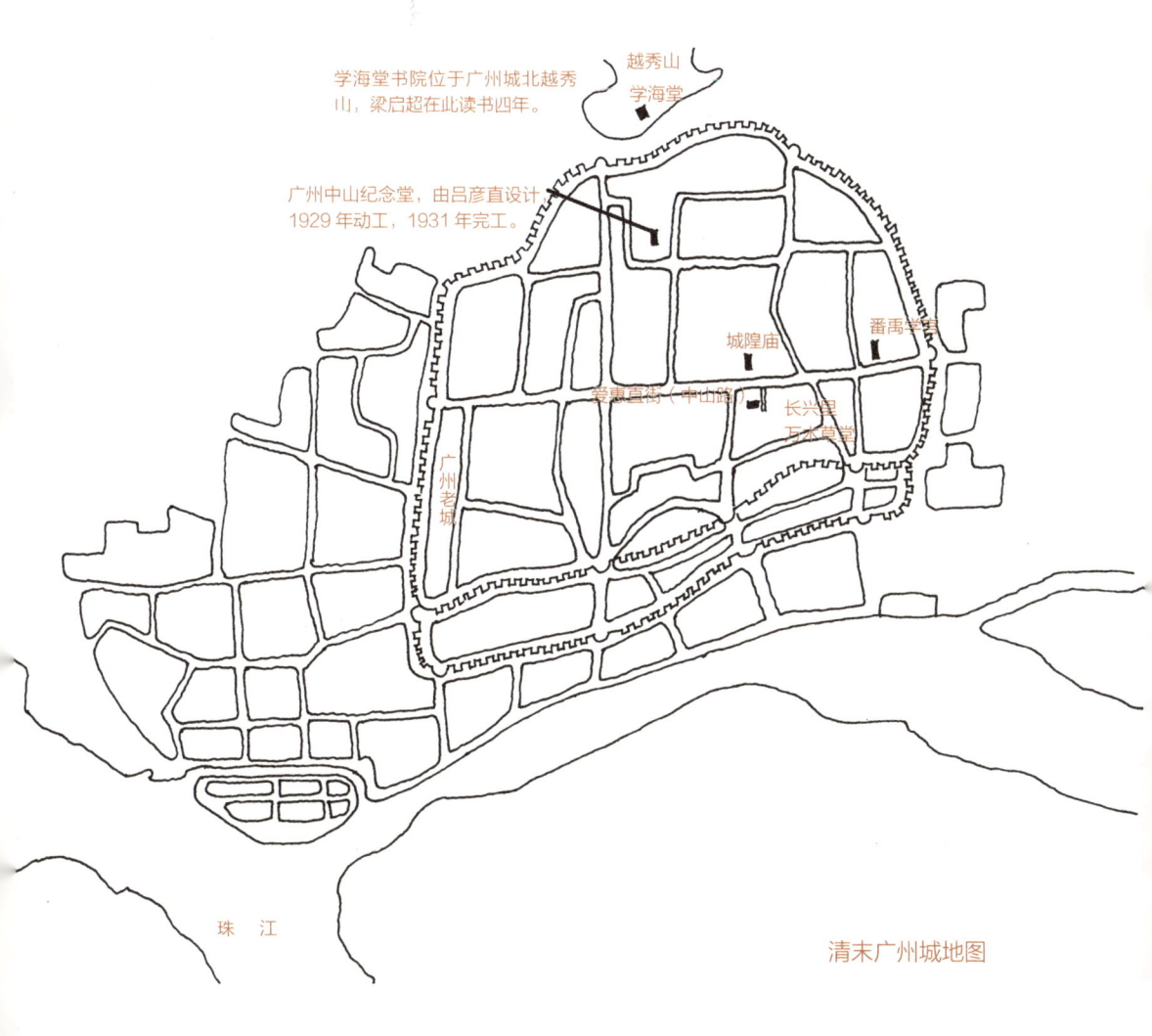

学海堂书院位于广州城北越秀山，梁启超在此读书四年。

越秀山
学海堂

广州中山纪念堂，由吕彦直设计，1929年动工，1931年完工。

城隍庙
番禺学宫
荣康直街（中山路）
长兴里万木草堂
广州老城

珠江

清末广州城地图

喜结良缘
1891年梁启超18岁

17岁的梁启超，在广州城北的学海堂苦读四年后，进城参加广东乡试，名列第八，成为举人。当时的主考官是内阁大学士李端棻，他特别赏识梁启超，并将堂妹李蕙仙许配给他。李蕙仙出身很不一般，她是顺天府尹李朝仪之女。

过了两年，梁启超进京参加会试，住在粉房琉璃巷的新会会馆，却不幸落第。李蕙仙并没有因此嫌弃他，而是如期与梁启超完婚，婚礼在北京由李家操办举行。那一年，梁启超19岁，李蕙仙23岁。

和李蕙仙显赫的门第相比，梁家只是个广东新会县茶坑村的一户农民，梁启超的祖父和父亲除了种地，还在乡下教书，以贴补生活。梁启超完婚后带着新娘回到老家，可是家里连一间新房都没有。但是出身官宦的千金小姐李蕙仙依旧不计较梁家的贫穷，主动承担繁重的家务，尽守妇道，毫无怨言。

1896年，李蕙仙随梁启超来到上海。1896年8月9日，梁启超、黄遵宪、汪康年在上海创办了《时务报》旬刊。《时务报》是维新运动时期著名的维新派报纸。维新派报纸，由梁启超任主笔，汪康年任总经理。一年后，发行量从创刊时的3000多份增加到1.2万份，最高达1.7万份，成为维新派最重要、影响最大的机关报。1898年8月8日停刊，共出69期。同年8月17日，汪康年将报名改为《昌言报》出版。

1898年李蕙仙创办了中国第一所女子学堂，成为中国第一位女校长。同年，康有为的女儿康同薇在上海创办了《女学报》旬刊，李蕙仙担任主编。《女学报》是中国女学会会刊和上海女学堂的校刊，可谓是中国最早的女报。

李蕙仙不仅擅长料理家务，而且喜欢新事物，爱好游泳、溜冰、滚铁环、

梁启超创办的《实务报》　　　　　李惠仙和女儿康同薇创办的《女学报》

编织、钩毛线、打桥牌和麻将，还学会了针灸。她曾走遍全国十几个省份，也出过国，是位新时代的新女性。

戊戌变法，流亡日本

1898 年梁启超 26 岁

慈禧太后

伊藤博文是日本第一个内阁首相，四次组阁，任期长达七年，在任期间发动了中日甲午战争，由此日本成为东亚头号强国。

  1895 年，中国在日本马关被迫签订《马关条约》，消息传到了北京，康有为和十八省举人群情激奋，康有为奋笔疾书，一气呵成写出了一万八千字的《上今上皇帝书》，流传广泛，影响巨大。

  此事成为维新变法的序幕，从此康有为和梁启超走上了政治舞台。康有为、梁启超创办的《时务报》，成为维新派的舆论阵地。1898 年康有为、梁启超在北京成立保国会，同年，各地以变法为宗旨的学会、学堂和报馆多达 300 多个。

  1898 年农历 6 月 11 日，光绪皇帝颁布"明定国是诏"诏书，宣布变法，新政开始，到慈禧太后 9 月 21 日发动政变为止，历时 103 天，史称"百日维新"。

  变法的内容有很多，涉及经济、政治、军事、文化等，其中硕果仅存的是京师大学堂。京师大学堂既是全国最高学府，同时也统辖各省学堂，是中国近代史上第一所国立综合性大学。辛亥革命以后，京师大学堂改名为北京大学。当年正是支持梁启超变法的李端棻疏请设立的京师大学堂，戊戌政变后他却被充军新疆。

政变后，慈禧太后下令搜捕维新党人，康有为当时在上海办报，梁启超在力劝谭嗣同一起逃走不成后，只身逃入日本使馆。在日本公使林权助的帮助下，他逃离中国，远赴日本。维新党人中，数十人被捕。9月28日，在北平菜市口，谭嗣同、杨锐、刘光第、林旭、杨深秀、康广仁等"戊戌六君子"被斩首。梁启超怀着沉痛的心情奋笔疾书写下了《去国行》，就此开始了长达十四年的流亡生活。

维新派流落海外以后，他们与革命党人一样，只好寻求外国人的庇护。康有为、梁启超和革命党人孙中山、章太炎、陈少白、郑士良都流亡在日本，并且经常接触。无论是革命还是变法，他们有一个目标是相同的，就是想要让中国变得强大起来。

《马关条约》谈判现场

日本公使林权助

出生东京，就读横滨

1901年，梁启超28岁，梁思成出生

梁启超在横滨创办的《清议报》

1909年梁启超为横滨大同学校同学所录的题诗。

为躲避清廷的抓捕，梁启超的父亲携全家人避居澳门，第二年李蕙仙携女儿梁思顺赴东京和梁启超团聚，住在东京小石川区久坚町。1901年4月20日，梁启超次子梁思成出生于日本东京。梁思成出生之前本有一个哥哥，但刚出生就夭折了，所以在外面大家都称梁思成为梁启超的长子，而家里的子侄却称他为二舅或二伯。梁思成从小体弱多病，两条腿有点颠簸，梁启超请日本的外科医生给他矫正了过来。

梁思成四岁上了横滨大同学校的幼儿园。这个大同学校可不一般，可以说是近代以来世界上第一所华侨学校，地处横滨中华街，当时中国的两大政治集团都在这里活动，一个是孙中山领导的革命党，一个是康、梁为首的保皇党。孙中山在此创办兴中会，梁启超则先后创办了《清议报》和《新民丛报》。两党时分时合，孙中山和康有为、梁启超也经常来往。大同学校就是在戊戌年（1898年）以前在孙中山和康梁大力协助下，由横滨华侨出资创办的，等到戊戌年以后康梁去了东京，这里就成了康梁的

大同学校师生合影

大本营。苏曼殊和冯自由即是大同学校培养出来的学生。后来大同学校改名为横滨中华学院,新中国成立后,该校由台湾管理,校长从台湾委派。

横滨的中华街是亚洲最大的唐人街。当年横滨与上海、香港之间的定期航班,带去了大批中国人,并居留了下来,在这里建造了关帝庙、中华会馆等。现在中华街已经成为著名的旅游区,从东京乘地铁一个小时即可到达,这里游客量已经超过了东京迪士尼乐园,假日高峰时每天超过20万人。

中华街东西南北各有一座中式牌楼,分别叫朝阳门、延平门、朱雀门和玄武门,走进中华街,就可以看到中餐馆林立。广东、江苏、四川、台湾、香港等各地风味的餐馆都可以找到,中国的四大菜系应有尽有。除中餐馆,中华街还有中国特色的服装店、杂货店、药店、工艺品店等。整个中华街充满了中国风情,就连路灯都是中国红灯笼的造型。

童年时代

1906 年梁思成 5 岁

神户同文学校校徽

1902 年 2 月梁启超于日本横滨创办《新民丛报》

旅日华侨麦少彭，原籍广东新会，与梁启超是同乡，在日本开办怡和洋行，经营火柴贸易。他邀请梁启超到神户，建立同文华侨学校。1900 年 3 月，神户华侨同文学校校舍落成，由日本政治家犬养毅任名誉校长，麦少彭任校长。神户的同文学校和横滨的大同学校一样，是中国华侨在海外历史悠久的百年华侨学校。

1899 年，逃亡在澳门的梁家和李家的族人纷纷到日本投奔梁启超。1906 年，麦少彭把神户须磨海滨的别墅借给梁启超一家住。这里依山傍海，可以听到海涛和松涛之声，梁启超便将此处起名为"双涛园"。

梁启超一生中从事办报活动 27 年，亲自创办、主持的有《万国公报》《时务报》《清议报》《新民丛报》《时报》《政论》《大中华》《晨报》等 17 家报刊，共撰述 1400 万余言，被后人誉为言论界之骄子。梁启超的报刊活动开政治家办报之先河，他写出了一批堪称中国史上重要文献的文章，形成了自己的报刊思想，提高了报人的社会地位，是将中国近代政治报纸发展到顶峰的人物。

梁家搬到横滨须磨双涛园后,虽然解决了一家人的住房问题,可是孩子们上学却很不方便。同文华侨学校位于神户市内,距须磨还很远。梁思成晚年时曾回忆说,当年孩子们每天要带着饭团子乘小火车进城上学,天黑了才能到家,火车站上的路警都和他们熟悉了,有时候他们迟到了,路警就会让火车等几分钟再开。康有为一家则住在不远的须磨六十番游存别墅,叫"长懒园"。

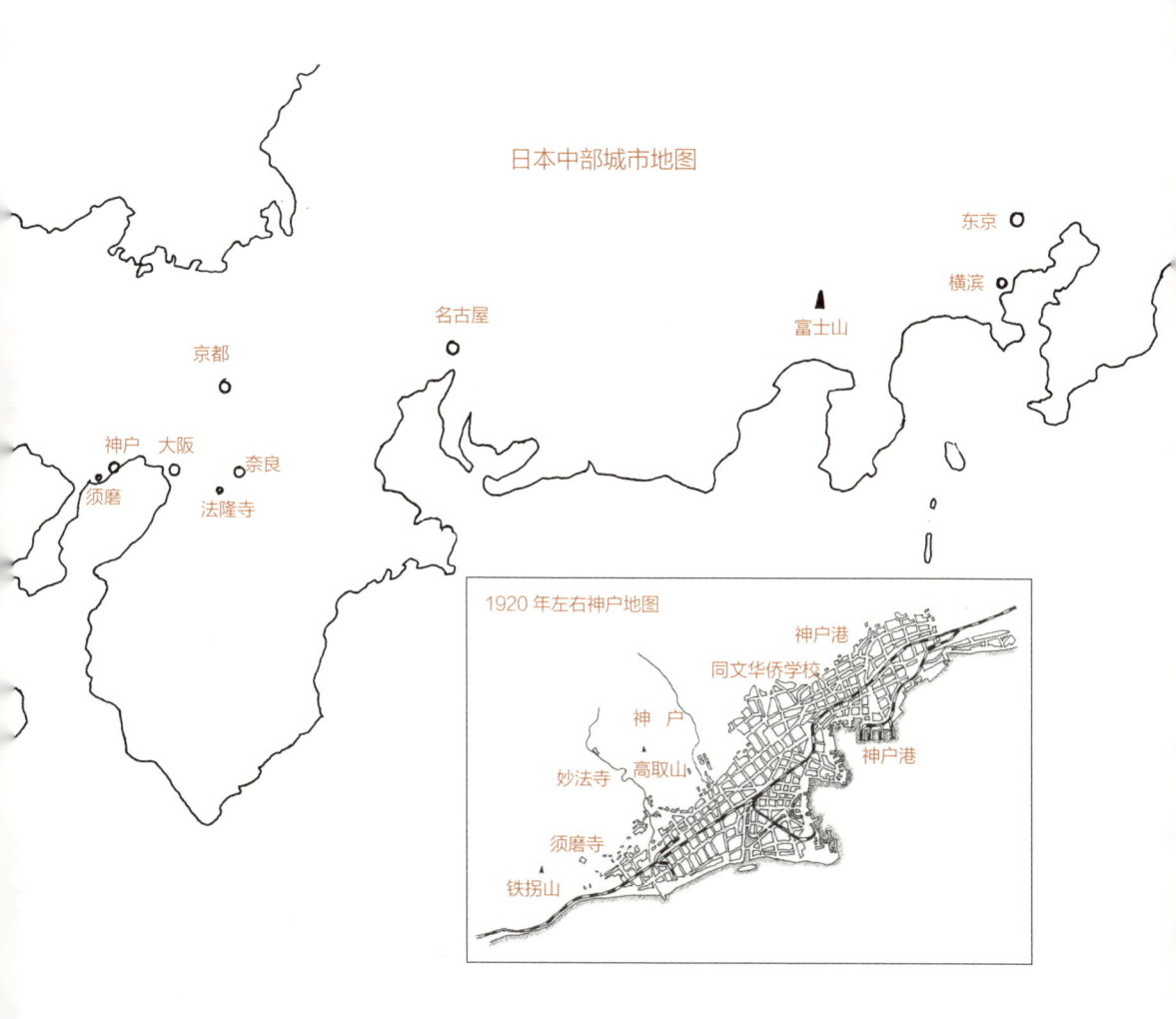

日本中部城市地图

1920年左右神户地图

游览奈良

1906 年以后

梁思成的第二任妻子林洙曾在《困惑的大匠》一书中写道:"梁思成谈到日本的古建筑时,回忆起童年父亲曾带他到奈良法隆寺去游览,并买了一只乌龟,让他亲手投入放生池中。其时正值大殿重修,父亲花了一元香资,得以将梁思成的名字刻在大殿的一片瓦上,以祈求佛祖保佑他。"

在唐朝佛教传入日本时,奈良是当时日本的政治、文化、艺术中心,甚至可以说,是奈良孕育出了日本文化。公元710年,日本仿中国唐代的长安城,在奈良兴建了"平城京"。

唐朝扬州大明寺高僧、56岁的鉴真法师应日本友人的邀请去日本传法。鉴真大师带着弟子先后六次东渡日本,带去了香料、药物,还有王羲之父子的书法作品,在奈良受到了日本天皇隆重的欢迎。他们弘扬佛法,传播中国文化,被尊为日本律宗初祖。鉴真大师初到日本就住在奈良的东大寺,759年他亲自主持在奈良的西郊修建唐招提寺,并在奈良鉴真度过了最后的晚年时光,763年在唐招提寺中圆寂。弟子们为鉴真大师制作了一个坐像,供奉于御影堂,被日本尊为国宝。

1993年法隆寺被列为世界文化遗产,1998年古都奈良被列入世界文化遗产,包括东大寺春日大社、唐招提寺、平城宫遗址等。东大寺是世界上最大的木建筑,东大寺的正仓院中保存有近万件唐以来的稀世珍宝。法隆寺是世界上现存最早的木结构建筑物。飞鸟寺中有一丈六的飞鸟大佛,是日本最古老的佛像。

第一部分　梁启超与梁思成　017

东大寺

法隆寺

唐招提寺

载誉归国

1912年，梁启超39岁，梁思成11岁

1912年元旦，中华民国成立，孙中山在南京就任临时大总统，宣告大清王朝终结。戊戌变法以后，一直被清政府通缉的梁启超终于可以回国了，这是梁启超多年的夙愿。梁启超短短56年的生命中，从26岁开始出国到民国成立，流亡海外长达14年。可以说，梁启超将最美好的青春都留在了海外。

国内风云变幻，1913年2月孙中山辞职，3月袁世凯任临时大总统，8月国民党成立。梁启超再也等不了了，他要回国大展宏图，完成戊戌年的远大理想。

11月8日，梁启超告别父亲和子女，离开神户，乘船到达天津，没想到会受到如英雄凯旋般的欢迎。不仅他的同盟们欢迎他，而且前清旧臣也把他当作保皇的救星，革命党也热情地等待他的到来。当年去向慈禧告密的袁世凯，梁启超没少说他的坏话，现在袁世凯当上临时大总统，却也盼着梁启超归来。

梁启超终于踏上了阔别多年的国土，这一年他正好40岁。11月28日，梁启超来到北京，袁世凯请梁启超入住贤良寺，北京各界邀请梁启超发表演说。12月9日，梁启超返回天津，次年将父亲、妻子和梁思成等子女们从日本接回天津。

接下来的几年内，中国政坛纷乱复杂，梁启超在北京和天津之间居留不定，从政则入京，退隐则入津。1913年梁启超和梁启勋兄弟二人一起在北京南长街54号购地建房。后来梁启超又在天津意租界西马路购地，1915年初建成二层小楼，又在西侧另建西式藏书楼，即"饮冰室"，现在已经开辟为梁启超纪念馆。

梁启超于 1913 年出任北洋司法总长，于 1916 年出任段祺瑞政府的财政总长和盐务督办，这期间他都住在南长街。1925 年梁启超退出政坛，任清华研究院导师，住在清华北院。

梁启超的大弟弟梁启勋，著名词学家。1893 年随梁启超进入广州万木草堂，师从康有为。后赴美国留学，在哥伦比亚大学学习经济学。毕业后回国，任青岛大学教授，是梁启超得力助手。

2012 年 12 月，"南长街 54 号藏梁氏重要档案"由北京匡时公司拍卖。这批档案共有 146 件，是由梁启勋的后人保存下来的，共拍得 6709 万元。

2012 年中华书局出版的《南长街 54 号梁氏档案》

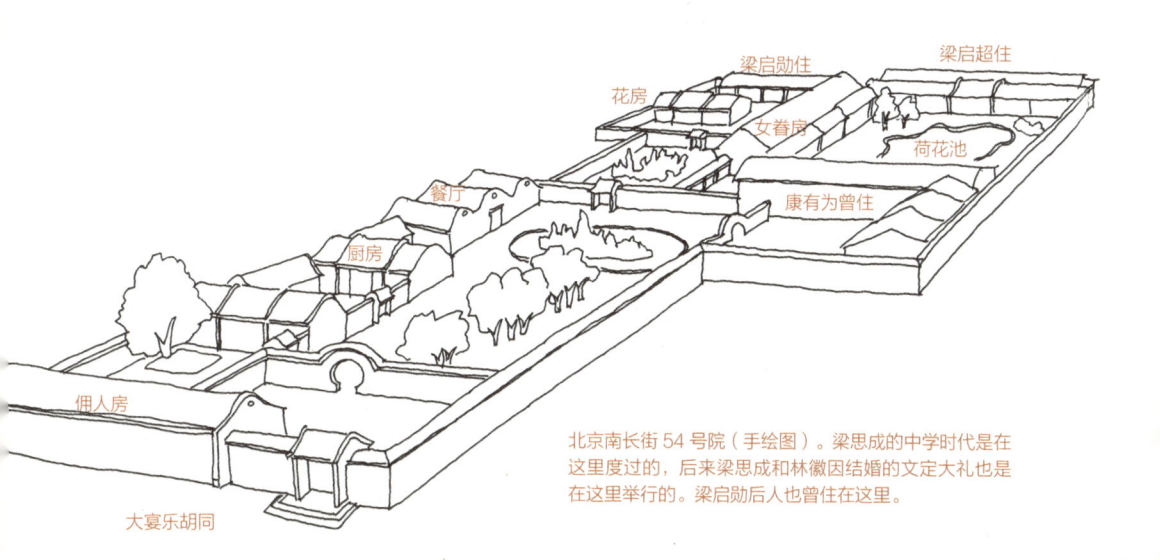

北京南长街 54 号院（手绘图）。梁思成的中学时代是在这里度过的，后来梁思成和林徽因结婚的文定大礼也是在这里举行的。梁启勋后人也曾住在这里。

梁启超住
梁启勋住
花房
女眷房
荷花池
康有为曾住
餐厅
厨房
佣人房
大宴乐胡同

中学时代

1913 年梁思成 12 岁

美国李安德博士（右一）于 1888 年至 1893 年担任汇文中学校长。1900 年义和团烧毁了汇文书院，1902 年教会在船板胡同修复校舍，1904 年建成讲堂，为纪念前校长李安德而取名安德堂。

汇文中学的打字练习室

汇文中学摄影研究会

梁启超回国后的第二年，王桂荃才带孩子们回国。当时梁思成并未留在天津，而是跟着父亲到了北京，和弟弟梁思永进入了崇德学校读书。崇德学校位于北京西单南面的绒线胡同，是由英国圣公会创立的，诺贝尔奖获得者杨振宁也曾在这里就读，"两弹元勋"邓稼先等十位中科院院士、著名艺术家孙道临也都是崇德中学的毕业生。

梁思成从崇德高小毕业后进入崇文门附近的汇文中学。汇文中学是由 1871 年亚斯立教堂附设的蒙学馆发展而来，是美国美以美会创办的学校，美以美会特别重视教育，积极在华办学，南京的金陵大学也是美以美会创办的。汇文中学位于北京东城区距离崇文门不远的船板胡同。

庚子事变时，基督教学校都受到冲击，汇文中学被烧，学校的教学设备遭到严重破坏。1904年汇文中学更名为汇文大学堂，重建校园，盖起了讲堂安德堂和德本斋、厚德斋宿舍楼。1913年，汇文最后一个建筑高林斋宿舍楼落成，此时该校已成为华北地区有名的最高学府之一。梁思成就是在这个时候走进了汇文大学堂。汇文的英语教学水平比较高，为梁思成以后留学美国打下了基础。汇文当年有先进的物理实验室、生物实验室以及打字室，教学条件一流。

  1915年，梁思成离开汇文到清华学堂读书。1916年，驻京基督教各教会协议合并所属大学，将汇文学校大学部与通州协和大学、华北协和女子大学合并，定名为燕京大学，司徒雷登任校长。燕京大学以汇文大学为主体，继承了汇文的传统。1921年，汇文在北京西郊购买土地，聘请美国建筑设计师墨菲进行总体规划，建成燕京大学。1949年以后，燕京大学院系调整，并与北京大学合并，现在的北京大学就是燕京大学旧址。

  1959年，因建北京火车站，占用了部分汇文校舍，学校遂迁至崇文门外培新街，在原址留下一所小学，现在叫汇文一校。现在汇文一校的校园内还留有当年的宿舍区。

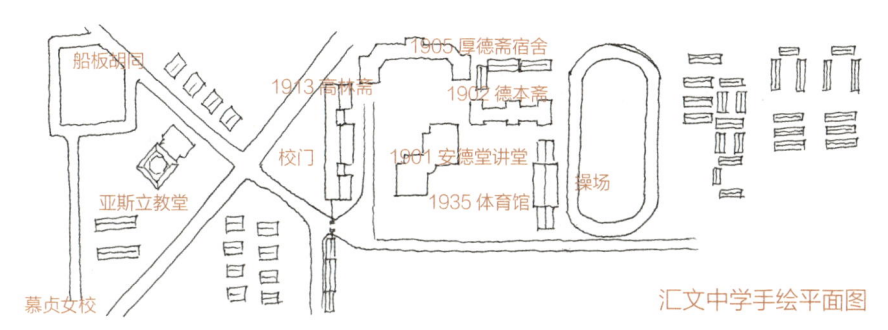

汇文中学手绘平面图

清华之缘

1914 年梁启超 41 岁

1914 年冬,梁启超来到清华大学,在清华礼堂同方部做题为《君子》的演讲,引用了《易经》中的"天行健,君子以自强不息""地势坤,君子以厚德载物",从此"自强不息,厚德载物"便成了清华的校训,成了清华精神的象征。

建于 1911 年的清华同方部位于清华学堂的北面,是清华最早的礼堂。在高大豪华的清华建筑群的包围之中,清华同方部显得既平凡又简陋。"同方"两字源于《礼记·儒行》的"儒有合志同方","同方部"就是"志同道合者相聚的地方"。

1920 年清华大礼堂建成,同方部作为小礼堂继续开展各种重要的演讲、聚会和社团活动。30 年代,当时的梅贻琦校长将这里作为接待新生入学的地方,在这里和新生见面。

1936 年 10 月鲁迅在上海逝世时,清华文学会在同方部举行追悼大会,闻一多、朱自清等出席并作了演讲。1948 年同样是在同方部,从西南联大回到北平校园的清华师生召开了闻一多遇害两周年纪念会。朱自清先生逝世时,又是在同方部,清华师生共同哀悼这位为清华留下一片荷塘月色的文学家。

1946 年,梁思成回到母校清华大学创办了建筑系,任清华大学建筑系主任。1947 年秋,梁思成在同方部做了题为《理工与人文》的演讲,提出理工科学生应当加强人文科学素养,他的理工与人文并重的思想深深地影响了清华学生。清华当年创办国学院,就是希望清华学生能够全面发展,梁思成本人就是一位融汇现代科学技术和悠久国学传统的全面发展的清华人。

半生在清华

1915 年梁思成 14 岁

1908 年，美国正式退还部分庚款给中国，总计 1160 余万美元，用于资助留美学生。

1911 年清华学校在北京建成，作为留美预备学校，1924 年改名为清华大学。当年清华录取的比例非常低，对各省名额的分配是按照各省赔偿庚款的比例进行的。

1949 年以前的清华大学校徽。目前台湾新竹清华大学还在使用这个校徽。

清华留美预备学校的学制是八年，1915 年梁思成进入清华学校，期间由于出车祸休学一年，所以到 1924 年才留学美国。

梁思成和父亲梁启超一样多才多艺。他从小喜欢绘画，在清华学校曾担任过《清华年报》的美术编辑；他精通钢琴、小提琴、小号和短笛，是清华管弦乐队第一任队长和第一小号手，曾邀请林徽因和表姐妹们一起来清华观看乐队表演；他组织了清华的第一个合唱团，自己担任领唱；和杨廷宝、闻一多组织了一个研究"艺术及人生关系"的团体——"缪斯"；他不仅是清华的足球健将，还获得过全校运动会的撑竿跳冠军；在清华时他与大学同学吴文藻、徐宗漱合译了一本《世界史纲》，在商务印书馆出版。

梁思成从清华毕业后留美学习建筑，回国后从事古建筑研究。在离开清华 23 年之后，1946 年梁思成又回到清华任教，一直工作到生命的最后一刻。梁思成 72 年的光阴中，有 35 年是在清华园中度过的，对清华可谓是鞠躬尽瘁。

赴巴黎和会

1919 年梁启超 46 岁

中国代表顾维钧

中国代表陆徵祥

日本代表牧野伸显男爵

一战爆发,梁启超倡导并力主对德宣战。中国加入协约国最后获得胜利,国际地位得到提高。

1916 年进步党首领梁启超、林长民等人创办《晨钟报》,后改名为《晨报》。该报及其副刊《晨报副刊》以新文化为主要宗旨,李大钊、蔡元培、鲁迅、陈独秀、瞿秋白、胡适、冰心等名流为主笔。李大钊在该报相继发表一系列文章,从而使《晨报》成为新文化运动的重要阵地。它和《新青年》一起,促进了五四运动的爆发。

一战结束以后,各国为解决战争问题,于 1919 年 1 月在巴黎召开巴黎和会,会议在凡尔赛宫正式开幕,前后历时半年。参加会议的有英、美、法、意、日及中国等 31 个战胜国,名义上由 31 国代表议决,实际上由五个强国的最高会议决定,特别重大的事件由美、英、法"三巨头会议"来决定。中国北洋政府总统徐世昌为此特设外交委员会,特聘林徽因的父亲林长民为外交委员会委员兼事务主任,并派出外交总长陆徵祥出席巴黎和会。

大会期间,梁启超带领丁文江等人以顾问的身份自费前往法国参加巴黎和会,于 1919 年 2 月 18 日抵达巴黎，受到法国政府及巴黎报业的重视和礼遇。他在国内外拥有崇高声望，此番出行也得到了时任民国总统徐世昌的委任，他以欧洲考察团名义出访，算是代表团的会外顾问。在巴黎，梁启超频繁地与法国政要、文化艺术界人士会面，经常发表演讲或接受采访，阐述对和会、中国外交的看法。在会场外，巴黎各大报邀请梁启超赴巴黎最为著名的俱乐部演讲。梁启超频繁游说，并写下《世界和平与中国》一文，宣传中国的要求，驳斥日本占据山东的借口，可是他竭尽全力，仍无济于事。

1919年欧洲考察团在巴黎合影，前排中间为梁启超

中国代表团合影

日本代表团合影

参与五四运动

1919 年，梁启超 46 岁，梁思成 18 岁

5月1日，中国谈判代表、外交总长陆征祥将此事电告北京政府，并称如不签约，则对已经获得的废除领事裁判权、取消庚子赔款、实现关税自主及赔偿损失等有所不利。5月2日，北京政府密电中国代表可以签约。

得知巴黎和会的结果后，梁启超把北京政府同意签约的消息致电林长民。林长民在5月2日的《晨报》上以个人名义发表《外交警报敬告国人》一文："胶州亡矣！山东亡矣！国不国矣！"向国民揭露事件真相。这则不足三百字的新闻一经发表，在北平顿时激起千层浪。

5月4日，上午10时，各校学生召开碰头会，商定游行路线。下午1点，北京大学等13所院校三千余名学生汇集天安门广场，举行了声势浩大的示威活动。具有伟大历史意义的五四运动就此爆发。当时多数大学都位于北京城内，只有清华远在城外，但清华的学生也都积极参加游行，梁思成就是清华爱国组织"义勇军"的中坚分子。五四运动对北京政府形成了巨大压力。

6月28日是巴黎和会的最后一天，也是全体战胜国在和约上签字的一天。但作为战胜国的中国代表没有出席会议，中国代表最终没在和约上签字。

日本人本来看好梁启超，因为日本救过梁启超的命，让他在日本避难14 年，梁启超前往巴黎也是乘坐日本的轮船横滨号。但是日本人没想到，在原则问题上，在大义面前，梁启超毫不妥协，在五四运动中做出重要贡献。

次年1月17日，梁启超结束在欧洲的考察游历，启程回国，在海上航行了近两个月之后，抵达上海。此时，五四运动的高潮已经过去。

他在上海仅停留了十余日，便赴京面见总统徐世昌，除报告欧游经历外，

还特别请求释放因五四运动而被捕的学生,并专门留下了一封信。在信中,他对学生们的举动给予了充分肯定,并进而申辩:"此等群众运动,在欧美各国,数见不鲜,未有不纯由自动者。鬼域伎俩,操纵少数嗜利鲜耻之政客,则尝闻之矣,操纵多数天真烂漫之青年,则未之前闻。"

同年5月,五四运动的周年,梁启超作了《"五四纪念日"感言》一文。他文中说:"吾以为今后若愿保持增长'五四'之价值,宜以文化运动为主,而以政治运动为辅。"

郑振铎曾评价梁启超和康有为:"他们两个人的性情是如此的不同:康氏是执着的,不肯稍变其主张;梁氏则为一个流动性的人,往往'不惜以今日之我,难昔日之我',不肯固步自封而不向前走去。"

入住清华园

1925 年梁启超 52 岁

清华于 1925 年设立大学部,改名为清华大学,开始招收四年制的大学生。同年聘请国学大师开办清华国学研究院。研究院成为与留美预备部、大学部并列的第三个相对独立的部分。研究院本来还准备设立自然科学、社会科学的计划,但由于经费问题,只开设了国学研究院。

清华大学原来是留美预备学校,用英语授课,学习内容都是为西方教育做准备,开设国学研究院算是一次革命。

不过国学研究院研究国学和中国的传统书院并不一样,强调的是用西方的现代科学方法来研究整理中国的国学,所以在短短的四年中,国学研究院做出了许多开创性的工作,培养了一批精英,成为中国近代教育史上的一个奇迹。

当时的国学研究院仅存在了四年,一共只有 74 名毕业生,绝大多数人后来都成为了文史大家,如王力、陆侃如、谢国桢、吴其昌、周传儒、吴金鼎、蒋天枢等。

1925 年 2 月 12 日,研究院筹备处正式成立,学校任命吴宓为筹备处主任。当年,清华大学曹云祥校长与吴宓等人深深懂得,只有请来国内一流的著名学者,才能够组建一流的研究院。于是,他们重视延聘最优秀师资,同时也给这些学术大师以优厚的物质生活待遇。

曹云祥校长开始想请胡适主持国学研究院,可是胡适表示自己"非一流学者,不配做研究院导师,我实在不敢当。你最好去请梁任公、王静安、章太炎三位大师,方能把研究院办好"。三人里除章太炎推辞不就外,清华请来了梁启超与王国维，并且还请来了陈寅恪、赵元任两位重量级海归。四大教授月薪400元，在当时绝对是高薪。

1925年9月8日，梁启超入住清华园北院教员住宅第二号，此时梁思成已经从清华毕业，前往美国宾夕法尼亚大学学建筑去了。

2009年清华大学第二次成立国学研究院，设立了博士后流动站。

清华第一任校长梅贻琦

清华国学研究院合影
前排：李济、王国维、梁启超、赵元任
后排：章昭煌、陆维钊、梁廷灿

1925年清华大学增设国学研究院，授课地点就在清华学堂。墨菲设计的清华学堂样别致，青砖红瓦，是德国古典主义风格。

林长民与林徽因

第二部分

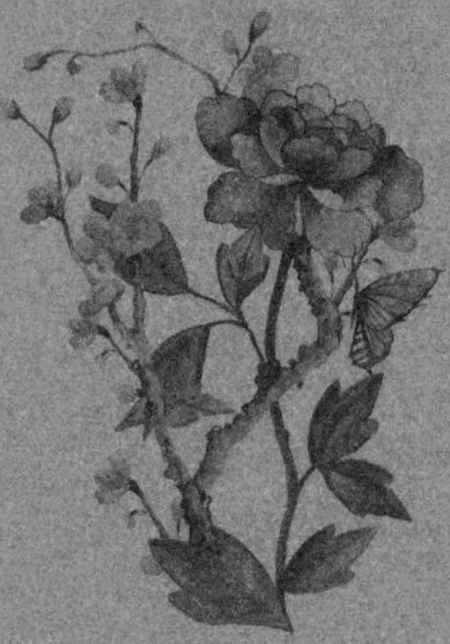

一对学者伉俪，一段激荡历史

几十年的峥嵘岁月里，一直

传说着她的美丽、才华、魅力和爱情

传说着他对一座座古城的眷恋和痴迷

林长民家谱

1876 年出生，1925 年去世

林长民，汉族，福建闽侯（今福州）人。幼名则泽，字宗孟，自称苣苳、苣苳子、又号桂林一枝室主，晚年号"双栝庐主人"。

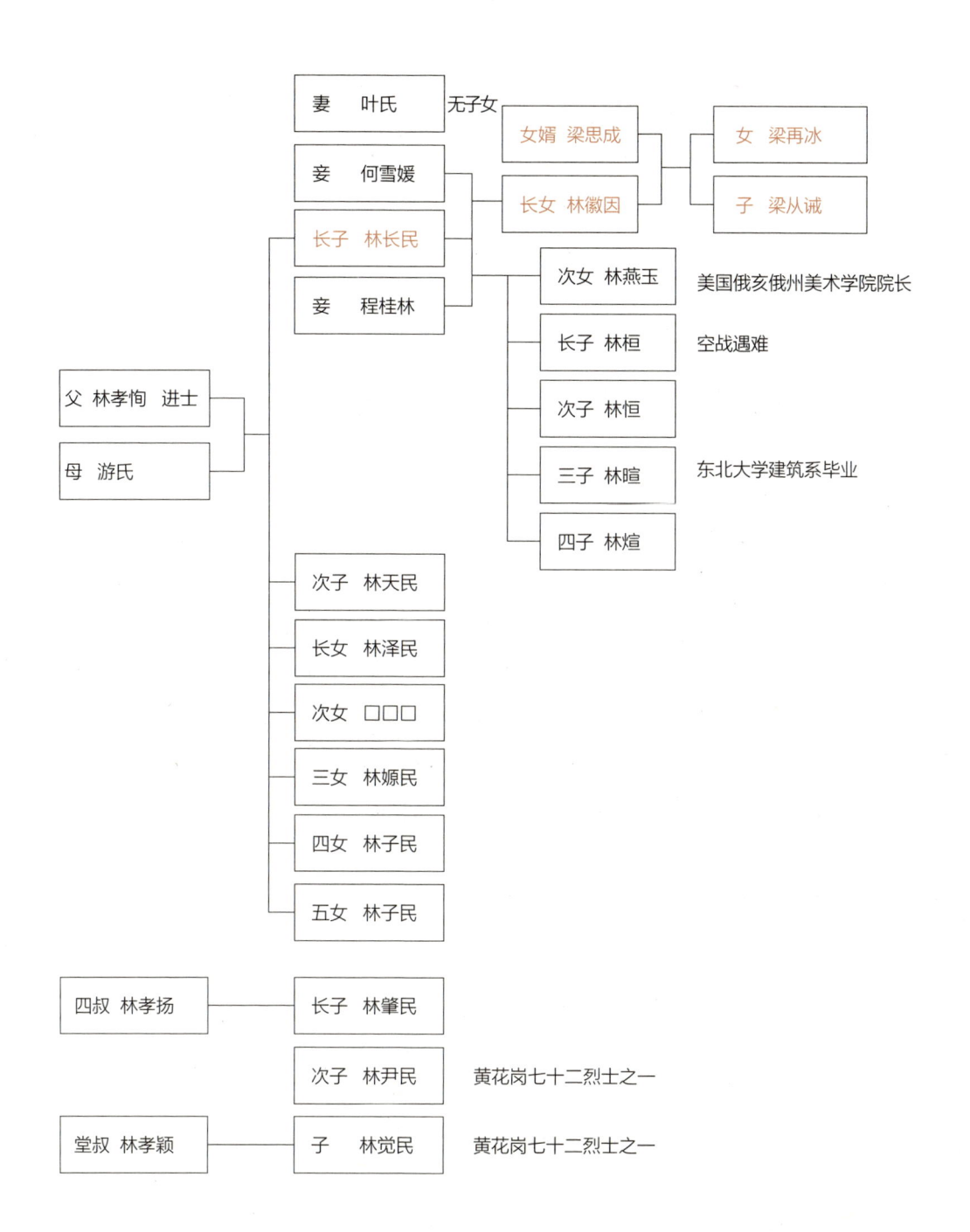

第二部分　林长民与林徽因

```
父 林孝恂 进士
母 游氏
    │
    ├── 妻 叶氏 ── 无子女
    │
    ├── 妾 何雪媛
    │
    ├── 长子 林长民 ──┬── 女婿 梁思成 ──┬── 女 梁再冰
    │                │                 └── 子 梁从诫
    │                ├── 长女 林徽因
    │
    ├── 妾 程桂林 ──┬── 次女 林燕玉　美国俄亥俄州美术学院院长
    │               ├── 长子 林桓　空战遇难
    │               ├── 次子 林恒
    │               ├── 三子 林暄　东北大学建筑系毕业
    │               └── 四子 林煊
    │
    ├── 次子 林天民
    ├── 长女 林泽民
    ├── 次女 □□□
    ├── 三女 林嫄民
    ├── 四女 林子民
    └── 五女 林子民

四叔 林孝扬 ──┬── 长子 林肇民
              └── 次子 林尹民　黄花岗七十二烈士之一

堂叔 林孝颖 ──── 子 林觉民　黄花岗七十二烈士之一
```

终身挚友
1906年林长民留学日本

林长民，字孟宗，1876年生，比梁启超小三岁，福建闽县人。林长民的父亲林孝恂是前清翰林。林长民少年时在林氏家塾中读书，受业于饱读诗书的闽中名士林纾。

1897年，林长民中了秀才，可他却放弃了科举，父亲为他请来两位洋老师，一位是西洋加拿大人，一位是东洋日本人，辅导他学习英文、日文和西方文化。1906年，林长民赴日本早稻田大学留学。

在日本留学生中，林长民是多才多艺的明星式人物，一度担任留学公会会长。当年的留日学生后来多数都从军从政。他在日本他结识了各行各业的朋友，有日本名流犬养毅，中国名士张謇、岑春煊，立宪派的汤化龙，君宪派的杨度，还有同盟会的宋教仁，等等。林长民还结识了梁启超，并且成了终生的好朋友。当时林长民的梦想不是革命，而是成为一名政治家。

林长民在日本留学三年后学成归国，回到家乡福州创办法政学堂，后来以福建省代表参加临时参议院，并担任秘书长，参与起草了《中华民国临时约法》。

林长民曾任司法总长3个月，1920年作为中国首席代表出席国际联盟大会，1923年离开政坛后回到家乡福州，重回法政学堂执教。

较之文学，林长民的书法更为见长，中南海新华门匾额即他的手迹。该匾额从民国一直挂到现在，快有百年的历史了。

林长民既是民初的一位潇洒名士，又是推进民主政治的政治人物，同时也是一位慈爱的父亲，林徽因的才情和禀赋很大程度上得益于她的父亲林长民。

第二部分　林长民与林徽因　037

林长民

林长民的老师林纾

林长民参与了《中华民国临时约法》的起草

童年时代

1904年林徽因出生

古清波门遗址

位于西湖花港观鱼林的林徽因纪念碑

　　林徽因，祖籍福州，1904年出生于杭州西湖边。林徽因原名林徽音，这个名字是她的祖父给起的，林徽因的祖父林孝恂，是与康有为同科进士。"徽音"两字出自《诗·大雅·思齐》："大姒嗣徽音，则百斯男"。

　　六月初，西湖边的荷花刚刚开放，杭州老城清波门附近的陆官巷中，林长民和何雪媛结婚八年后的第一个孩子林徽因在这里出生了。陆官巷位于杭州老城内，从陆官巷西行，出清波门就到了西湖，这里就是西湖十景之一的柳浪闻莺。清波门是杭州古城十大城门之一，相传白蛇传中白娘子与小青就在此修炼。2007年8月23日，清华大学建筑学院设计的一座林徽因纪念碑落户杭州西湖岸边。这座纪念碑上的人物和文字全部镂空，以青铜作诗笺，配以徽因的剪影，显得很是特别。

林长民的第一位妻子叶氏，结婚不久就因病去世，没有留下孩子。林徽因的母亲何雪媛是二房，徽因是林家第一个孩子，后来何雪媛又生了一男一女，但都夭折了。1921年林长民娶了第三位夫人程氏，生有一女四男。1906年林徽因两岁时，林长民赴日留学，在日本结识了梁启超，两人开始了维系一生的友谊。

父亲赴日留学后，林徽因一直和母亲随祖父母居住，和表姐妹们一起长大。1909年林长民学成回国，到福州创办法政学堂。家眷仍然在杭州，但迁居到附近蔡官巷，这时林徽因5岁，由大姑母林泽民带着她发蒙读书，开始识字。

1911年武昌起义爆发后，林长民去了上海。1912年1月1日，南京临时政府成立，林长民作为福建代表，任参议院秘书长。林长民在上海发起组织"共和建设讨论会"，拥护在日的梁启超为领袖，并致电欢迎梁启超回国。11月梁启超回国，两人将各团体合并，组成民主党。林长民前往北京，全家人由杭州移居上海，住在虹口区金益里，林徽因与表姐妹们就读于家附近的爱国小学。这年林徽因9岁，读二年级。

林徽因幼年照

左一是8岁的林徽因。林长民在照片周围题字："……徽音白衫黑绔，左手邀语儿，意若甚暱。实则两子偶黠，往往相争果饵，调停时，费我唇舌也。"

中学时代
1916 年林徽因 12 岁

何雪媛结婚八年后才生下林徽因。因为林长民没有儿子，1912 年他又娶了第三位妻子上海女子程桂林，林徽因叫她二娘。她很快为林家生了一个女儿和四个儿子，很得林长民的宠爱。林长民自号"桂林一枝室主人"和"桂室老人"，从中可见一斑。

1914 年林徽因与祖父来到北京，与父亲一同住在前王公厂，前院是林长民与程桂林及孩子们住，林徽因和母亲住在后边的小院里。尽管林徽因深得父亲的宠爱，但每天晚上都要回到冷清的后院，在母亲忧郁的眼神中，她早早就体会到了世态炎凉。后来时局动荡，林家搬到了天津租界，不久又搬回北京，住在御沟河边织女桥西。1916 年林徽因进入英国教会办的培华女子中学读书。

1911 年温州传教士苏慧廉回到英国筹款，准备筹办"华中大学"，可是一战爆发，他的计划落空了。几年后，他的太太和女儿创办了北京培华女子中学，林徽因和她的表姐妹们都在这里上学。

早期的天主教学校只有穷人家的孩子才去，可是在 1916 年，培华女中和北京的贝满女中、圣玛利亚女校、中西女塾等教会女校已经非常正规，送女孩上教会学校已经成为上层社会的一种时尚。从 1916 年到 1924 年，林徽因在培华女中不仅了解了西方教会文化，更是打下了扎实的英文基础，这里的音乐、美术教育熏陶了林徽因的艺术品位，科学、历史、地理等课程增强了林徽因的科学文化功底。

梁林初见

1918 年，梁思成 17 岁，林徽因 14 岁

学生时代的林徽因

梁思成 17 岁时，父亲梁启超就带他到老朋友林长民家里见过他的女儿林徽因。梁思成拜访之前当然明白父亲的用意，但毕竟他还年轻，有点紧张。

多年以后，他们的儿子梁从诫回忆："父亲看到的是一个亭亭玉立却仍带稚气的小姑娘，梳两条小辫，双眸清亮有神采，五官精致有雕琢之美，左颊有笑靥；浅色半袖短衫罩在长仅及膝下的黑色绸裙上；她翩然转身告辞时，飘逸如一个小仙子，给父亲留下了极深刻的印象。"（《回忆我的父亲》）

他们的女儿梁再冰也曾回忆："爹爹后来说，他当时对于这次相亲颇为忐忑，有点担心会见到一个梳着一条油光光的大辫子、穿着拖地长绸裙的旧式大小姐。但当亭亭玉立却稚气未脱的林徽因走进来时，爹爹见到的却是一个梳着两条垂肩发辫、上身穿着浅色中式短衫、深色裙仅及膝下的小姑娘。她的灵秀之气和神采立刻吸引了他。特别令他心动的是，这小姑娘起身告辞时轻快地将裙子一甩，便翩然转身而去的那种洒脱……当时母亲年仅 14 岁，这个面部轮廓有雕刻之美，双目明亮神采焕发的小姑娘给父亲留下了相当深刻的印象。"（《我的妈妈林徽因》）

游学欧洲

1920年林徽因16岁

林徽因在威尼斯

林徽因在赴欧的船上

林徽因父女在伦敦

1920年1月10日，巴黎和约正式生效，国际联盟宣告正式成立。于是，林长民发起成立中国国际联盟同志会，并兼任理事。林长民带着女儿林徽因由上海登上法国邮船，经历两个多月漫长的航程，于5月7日到达法国，然后转到英国伦敦，住在阿门27号。8月，林徽因随父亲漫游了巴黎、里昂、日内瓦、柏林、布鲁塞尔等地，最后从巴黎返回伦敦。林长民带着女儿林徽因不仅欣赏了美丽的湖光山色、文化名胜，游览了一座座博物馆，还去参观了工业革命后欧洲的报馆和工厂。

8月，在伦敦，林长民为爱女聘请了两名外籍教师辅导她的英文和钢琴。英语家庭教师斐理璞母女也住在林长民寓所里，她们很快成了林徽因信赖的朋友。9月，林徽因考入圣玛丽女子中学。

圣玛丽中学于1898年创立，是一所天主教学校。在这所学校，林徽因的英语愈加娴熟纯正，练就了她一口流利优美的英文。

林家的女房东是一位建筑师，和林徽因关系很好，喜欢画画，林徽因常陪她一道出去写生、作画。从女房东那里，林徽因知道了建筑师与普通工匠的区别，懂得了建筑与艺术的关联，明白了建筑的奇妙——建筑不仅是住人的地方，而且蕴含着精致的艺术和深厚的历史文化。从这时起，建筑师就成为了林小姐心中的梦想。

林长民在纽约和在日本时一样交游甚广，家中常有中外友人来访，如著名史学家威尔斯、大文豪哈代、文学理论家福斯特，还有旅欧的华人张奚若、陈西滢、金岳霖等。那时林徽因虽然只有十几岁，却是家里的主角。这样的生活，正是林徽因走入社会的开始。

林徽因在罗马　　　　　　　　　　林徽因在伦敦

遇见徐志摩

1920 年，林徽因 16 岁

林徽因在伦敦

因林长民要外出参加国联会议、做演讲，或跟各种人士会面，常常顾不上照顾林徽因，她便经常在公寓里独自打发日子，依偎在壁炉旁一本一本地读英文书刊，倍感孤独。

就在这时，徐志摩从美国来到了剑桥，想要追随哲学家罗素，可是罗素刚好受梁启超讲学社的邀请在中国讲学，两人擦肩而过。12 月，徐志摩在伦敦国际联盟协会上听了林长民的演讲，很快就和林长民成了好朋友，由此林徽因也认识了潇洒风趣的徐志摩。

徐志摩很快就被这位漂亮又聪明的少女所打动，进而发起了爱的追求。可以想象，一位是留学海外的青年才俊，一位是情窦初开的妙龄少女，两个人互相倾慕，那种感情真是既单纯又浪漫。

林徽因的心情是复杂的，徐志摩比她大八岁，是她父亲的好朋友，并已娶妻生子。面对徐志摩的追求，少女林徽因惊慌失措，好在林长民是个豁达大度的人，并没有太过责怪徐志摩。

1921 年 5 月，林长民被推为国际联盟同志会首席代表，在意大利米兰举行的国际联盟会议上发表演说。10 月，林徽因随父亲由英赴法，乘"波罗加"号回国。林长民暂居上海，梁启超派人接林徽因回北平。之后，林徽因仍在培华女中读书。

北平雪池斋

1921 年林徽因 17 岁

林徽因在雪池斋

北海东门外有一条雪池胡同，走到胡同尽头，有一个不大的四合院——雪池胡同 7 号。从 1921 年到 1924 年，这里是林长民、林徽因的家"雪池斋"。

从欧洲回来，林徽因还是回到培华女校上学，梁思成来到这里再次见到林徽因时，已经是 21 岁的小伙子了。

1922 年，徐志摩在法国与原配离婚后回国，在上海一下船就听说了林徽因已经答应了梁思成求婚的消息。一个多月以后，他踏上了北去的列车，走入雪池胡同，可是在林家却没有见到林徽因。

后来梁思成谈起为什么会选择建筑这一行时，说："当我去拜访林徽因时，她刚从英国回来，在交谈中，她谈到以后要学建筑。我当时连建筑是什么还不知道，徽因告诉我，那是包括艺术和工程技术为一体的一门学科。因为我喜爱绘画，所以我也选择了建筑这个专业。"

有缘无份

1923 年林徽因 19 岁

1923 年梁启超上书黎元洪总统,提议成立松坡图书馆,黎元洪下总统令,划拨北海快雪堂及西单石虎胡同 7 号作为松坡图书馆馆址。

快雪堂位于北海公园北岸一个小山坡之上,当时林徽因和梁思成都喜欢在这里读书和约会。

石虎胡同 7 号藏有梁启超从欧洲考察带回国的英、法、德、日文 1 万余册外文图书。后来,北洋政府又调拨所购杨守敬的 2.4 万册藏书以充实馆藏。这些图书便构成了松坡图书馆的基本馆藏。

徐志摩从英国回来后,本为追求才女林徽因而来,但好梦未成,便暂居于石虎胡同 7 号的好春轩,担任松坡图书馆外文部的英文秘书。徐志摩虽然内心烦忧,却仍然闲不住,于是就在石虎胡同 7 号发起聚餐会,每两周举办一次,作诗叙旧、唱和痛饮之余,徐志摩还经常表演京剧、昆曲,为宾客助兴。聚餐会后来逐渐发展壮大,演变成了著名的"新月沙龙"。据说,这里"有舒服的沙发躺,有可口的饭菜吃,有相当的书报看"。

为了纪念他和朋友们在这里度过的温馨时光,徐志摩写下了长诗《石虎胡同七号》:

> 我们的小园庭,有时荡漾着无限温柔:
> 善笑的藤娘,袒酥怀任团团的柿掌绸缪,
> 百尺的槐翁,在微风中俯身将棠姑抱搂,
> 黄狗在篱边,守候睡熟的珀儿,它的小友
> 小雀儿新制求婚的艳曲,在媚唱无休——

晨报副刊

1923 年林徽因 18 岁

1918 年，梁启超把《晨钟报》改组为《晨报》。1921 年 10 月 12 日，《晨报》第 7 版改版为《晨报副刊》，并开始独立发行，由孙伏园主编，由鲁迅题写报头《晨报副镌》。1925 年徐志摩接任主编，相继开辟《诗镌》和《剧刊》两个专栏。

《晨报副刊》是近代作家重要的园地，在中国近代文学史上有举足轻重的地位。沈从文从这里登上文坛。鲁迅在这里共计发表和转载了 50 余篇杂文、论文和译文。周作人在这里开设了专栏"自己的园地"。冰心发表小说初作《谁之罪》，还有两组小诗《繁星》《春水》，以及最有名的《寄儿童世界小读者》。叶圣陶发表《伊和他》《阿凤》《一课》。还有主编孙伏园的游记。瞿秋白曾是《晨报》驻莫斯科通讯员，在副刊上发表"旅俄通讯"。其他散文作家还有郁达夫、废名、钱玄同、林语堂等。此外，还刊载了朱自清、康白情、刘大白、周作人、胡适、瞿秋白、俞平伯、冰心、叶圣陶、汪静之、冯雪峰、应修人等人的新诗。

《晨报副刊》一向重视译载近代世界著名作家的作品，如托尔斯泰、莫泊桑、普希金、屠格涅夫、契诃夫、高尔基、芥川龙之介、都德、果戈理等的小说，托尔斯泰、易卜生、契诃夫、莎士比亚、罗曼·罗兰等的剧本，莎士比亚、歌德、泰戈尔、波特莱尔、雪莱、惠特曼、王尔德等的诗，还介绍过安徒生和格林的童话。

早在 1923 年，林徽因就在《晨报五周年纪念增刊》上发表了王尔德的童话译作《夜莺与玫瑰》，署名尺棰，而且增刊的封面也是她设计的。

新月沙龙

1923年，徐志摩26岁，林徽因19岁

徐志摩在西单石虎胡同七号经常组织聚餐会，林徽因和林长民也常被邀请参加，参会的还有梁启超、梁思成、胡适、陈西滢、凌叔华、余上沅、张歆海、张彭春、丁西林、闻一多、梁实秋、王赓、陆小曼等人，他们还举办年会、灯会、书画会和演剧等活动，后来发展成为以戏剧活动为主的新月沙龙。

1924年梁启超组织的讲学社邀请泰戈尔访华，新月沙龙的成员们自然非常重视，以戏剧活动为主的新月沙龙专门排演了泰戈尔的诗剧《齐德拉》，在当时影响很大。

1925年10月到1926年10月，徐志摩接编《晨报副刊》。他们把《晨报副刊》作为自己的阵地，撰稿人多数为新月沙龙成员。1926年4月，徐志摩在《晨报副刊》上开辟《诗镌》。在徐志摩的引领下，新月沙龙由戏剧逐渐转向诗歌。

当时国内时局动荡，北伐战争进入高潮，北京的新月社成员有的南下，有的出国，新月社只能停止活动了。1927年新月社转移到上海，胡适、徐志摩、余上沅、叶公超等人在上海创办了新月书店，余上沅和邵洵美都曾当过书店的经理。1928年创办《新月》月刊，新月社

《晨报副刊》

新月书店标志

变成正式团体，参加的成员有罗隆基、梁实秋、潘光旦、储安平、闻一多、邵洵美、叶公超等人。

新月社是中国现代文学史上有较大影响的一个文学社团，以探索新诗理论和新诗创作为主，涉及政治、思想、学术、文艺各领域。除《新月》月刊外，新月书店还编辑出版了"现代文化丛书"及《诗刊》周刊、《新月诗选》等。

1931年11月，徐志摩在济南附近机坠身亡，新月社的活动逐渐停止，到1933年6月《新月》杂志停刊，新月书店被商务印书馆接收，新月社宣告解散。

《新月》月刊

陪同泰戈尔

1924年林徽因19岁

泰戈尔与胡适（右三）、徐志摩（右二）等人合影

泰戈尔与辜鸿铭（右二）、徐志摩（左二）等人合影

泰戈尔在清华大学期间与校长曹云祥等人合影

1920年，梁启超与蔡元培、林长民、胡适之、张元济等人创办了讲学社，先后邀请了杜威、罗素、杜里舒和泰戈尔来华，轰动一时，还曾拟请哲学家柏格森、经济学家凯恩斯、科学家爱因斯坦等人，但由于种种原因未能成行。

印度诗哲泰戈尔是第一位获得诺贝尔文学奖的东方人。1924年，北京讲学社邀请泰戈尔到中国，梁启超安排徐志摩担当翻译，并且全程陪同。泰戈尔带领国际大学的梵文学者和艺术学院大画家、英籍秘书恩厚之等一行六人，乘船离开加尔各答，开始了中国之行。泰戈尔在华长达五十多天，先后到访了上海、龙华、杭州、南京、泰山、济南、北京、太原、汉口等城市，足迹遍及半个中国。

4月23日，泰戈尔到达北京，在前门火车站受到了梁启超、蔡元培、胡适、蒋梦麟、梁漱溟、辜鸿铭、熊希龄、林长民等中国文化名流的欢迎。陆小曼的丈夫王赓率领警卫到车站开道护行。25日，泰戈尔游览北海，参观位于快雪堂的松坡图书馆，后赴静心斋茶会。26日，泰戈尔游览法源寺，观赏丁香花。27日，泰戈尔游览故宫御花园，拜会溥仪。28日，泰戈尔在先农坛同北京的学生见面，做演讲时由林徽因搀扶上台，徐志摩担任翻译。

"林小姐人艳如花，和老诗人挟臂而行，加上长袍白面，郊荒岛瘦的徐志摩，犹如苍松竹梅的一幅三友图。"在京城成为美谈。

泰戈尔在中国的一切活动行程，都由徐志摩亲自安排。泰戈尔离开中国后，还跟徐志摩一起去了日本。

泰戈尔此次访华，获益最多的就是徐志摩，诗人还送他一个印度名字"素思玛"。1929年泰戈尔去日本、美国讲学，来回路过上海时都下榻于福煦路613号徐志摩的家中，由此可见泰戈尔与徐志摩的感情不一般。

泰戈尔在景山庄士敦家合影
庄士敦是英国人，是溥仪的英文老师

泰戈尔

饰演奇德拉

1924 年林徽因 19 岁

5月8日,泰戈尔在中国度过了64岁寿辰,文化界人士借协和小礼堂为他庆寿,由胡适担任主席,梁启超主持祝寿庆典。

泰戈尔收到了很多寿礼,梁启超代表大家送给他一个中国名字"竺震旦",赠送一方鸡血石刻成的"竺震旦"印章,并陪同欣赏用英文演出的泰戈尔诗剧《奇德拉》。5月10日,《晨报》介绍了这次演出的盛况。这出戏阵容空前强大,由张彭春导演,梁思成绘制布景,印度画家负责化妆,林徽因饰演公主奇德拉,张歆海饰演王子,徐志摩饰演爱神,林长民饰演春神。连跑龙套的都非等闲之辈:袁昌英饰演村女,丁西林饰演村民。由陆小曼负责发售演出说明书,每份一元大洋。

演出正式开始前,舞台上出现穿的是古装的林徽因望着一轮新月,表示这是新月社的演出。女主角林徽因全场以流利的英语和美丽的扮相震惊了观众。演出后,白须白发的泰戈尔走上舞台,拥着林徽因的肩膀赞美道:"你的美丽和智慧不是借来的,是爱神早已给你的馈赠。"

当天,北京文化界的许多名流应邀前来观看演出,其中包括当时与新月社有分歧的鲁迅。坐在泰戈尔身边的是梅兰芳,十多天后梅兰芳邀请泰尔戈在开明戏院看他演出《洛神》,由此林徽因结识了这位京剧大师,并且喜欢上了京剧。

据说,如今协和小礼堂里的摆设几乎还是原来的样子。无数名人坐过的木头椅子、站过的舞台地板,舞台两侧的木头门和门外的铁栏杆,以及两边窗户上的窗帘,都是从那时就留下的。

林徽因在协和小礼堂外拍摄的
《奇德拉》的带妆照

泰戈尔和徐志摩、林徽因合影

泰戈尔临别时送给林徽因一首小诗：

　　天空的蔚蓝

　　爱上了大地的碧绿

　　他们之间的微风叹了声

　　唉

或许诗翁泰戈尔也看得出林徽因和徐志摩理不清的情感，预见了两个人最终的结局。

第三部分

婚前婚后

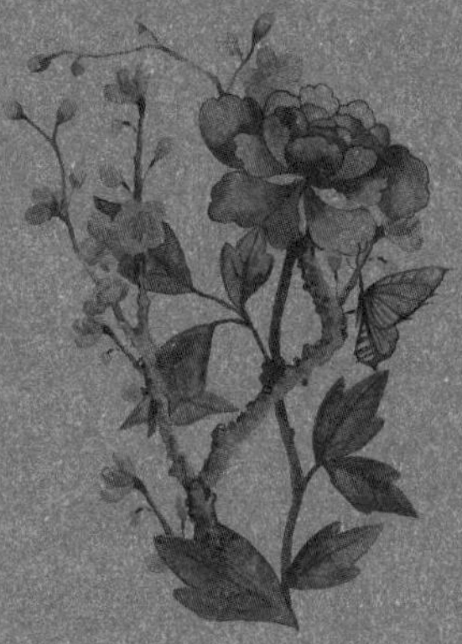

一对学者伉俪,一段激荡历史

几十年的峥嵘岁月里,一直

传说着她的美丽、才华、魅力和爱情

传说着他对一座座古城的眷恋和痴迷

飞来横祸

1923年，梁思成22岁，林徽因19岁

1922年哈雷诞生才20年，还没正式进入中国时，梁思成就有了一台哈雷摩托。

梁思成的姐姐梁思顺的丈夫是一位外交官，在菲律宾首都马尼拉做总领事，当时菲律宾是美国的殖民地，所以马尼拉的医院中有很多美国大夫，而且医院的医疗条件也不错，中国人去马尼拉看病比去美国要近得多。梁启超的夫人李惠仙得了乳腺癌以后，梁启超就安排她到马尼拉做乳腺癌切除手术，女儿梁思顺可以在那里照顾。梁启超还托女儿女婿在菲律宾买了一辆英国轿车，大姐梁思顺就顺便买了辆哈雷摩托送给弟弟梁思成。可是没想到，这辆摩托却为梁思成带来一场横祸。

1923年，《晨报》刊登了梁启超的大公子梁思成出车祸受伤的消息。5月7日是梁启超弟弟梁启勋的生日，梁思成和梁思永兄弟俩跟着梁启超从西山进城，到南长街为二叔过生日。兄弟俩看到大街上学生们正在举行"国耻日"游行，便马上回家，驾驶摩托车从南长街出发追赶游行队伍。刚出南长街门洞转入西长安街，就和一辆轿车撞到了一起。

车上的梁思永被甩到远处，梁思成被压在摩托车下面。出事的路口离梁家很近，梁思永血流满面地跑回了家，叫人去救二哥，后梁思成被送往协和医院。

林徽因得知梁思成发生车祸的消息，马上赶到协和医院照顾他，突如其来的灾难反而让两个人紧密地连在了一起。此时，她决定要与梁思成走完这一生。

在协和接受治疗

1923年，梁思成22岁，林徽因19岁

一场车祸使梁思成和林徽因开始了长达一生的相伴。后来他们一起去美国留学，一起去欧洲旅行，一起徜徉在建筑、美术、戏剧的海洋当中，同时他们没有忘记，他们所学习的这一切都是为了要回报他们深陷苦难的祖国。

当时，北京协和医院几乎是中国最好的医院。它是由美国石油大亨洛克菲勒投资3400万美元于1921年建成的，所以协和医学院又称洛克菲勒医院，这是洛克菲勒最大的一笔慈善捐款。

协和医院，其实最初是一所大学。该校定位于培养医学精英，当初的设计规模是每年仅招25名学生。现在协和医学院和清华大学联合招生，要达到清华大学的分数线才有可能进入协和。

当年的协和医学院是在美国纽约州立案的，其毕业生的羊皮文凭上有纽约州长的亲笔签名，即便每年仅招25人，但也有相当高的淘汰率，最后能够在协和毕业的全部都是医学精英。

当年西医刚刚进入中国，很多人对西医都不太信任，但梁启超一家却对协和青睐有加，梁家人生病基本上都是在协和治疗。梁思成的儿女都在协和出生，梁思永和梁思庄都是在协和礼堂举行的婚礼，梁思永的夫人李福曼在协和社会服务部工作。

初到美国

1924年，梁思成23岁，林徽因20岁

1923年梁思成从清华毕业，本该去美国留学，可是因为车祸，只能休养一年，这一年梁启超让梁思成多读点中国古书，打下国学基础。一年后，林徽因从培华女中毕业，也考取了半官费留学。

1924年6月，林徽因和梁思成同往美国留学，7月6日抵达纽约，当时正值暑假，两个人到了纽约附近位于绮色佳的康奈尔大学上暑期班，林徽因选修户外写生和高等代数，梁思成选修水彩静物画、户外写生和三角。

康奈尔大学从诞生起，就以其创新精神影响了整个美国高等教育。康奈尔大学为世界各国培养了很多有影响的人物，校友中有41位获得诺贝尔奖，中国的胡适、茅以升、赵元任等人都曾在该校就读，中国近代建筑大师吕彦直也毕业于康奈尔大学建筑学专业。

康奈尔大学坐落在纽约州的小镇伊萨卡。胡适在这里读书时，把这个小镇叫作"绮

康奈尔大学19号东方公寓内部，据说赵元任在康奈尔大学读书时就住在这里。

康奈尔大学的标志性建筑是钟楼，也叫麦格罗塔，高达52米。塔内有康奈尔编钟，每日有三场学生的演奏。钟楼没有电梯，爬到顶层可以俯瞰康奈尔大学全貌。钟楼边是建于1891年的尤里斯图书馆。

色佳"，如同当年徐志摩叫佛罗伦萨为"翡冷翠"一样。

康乃尔大学位于山顶，校园面积广阔，有 3000 多英亩，校园内有山有河，是美国最美丽的大学之一。与美国东北部那些拥挤的大学相比，康奈尔呈现出的是宏大气度。

梁思成和林徽因租的公寓有个小阳台，外面是黑色半圆形的雕花铁栏杆，站在小阳台上，可以眺望绿色的山谷和清澈的河水。白天他们背着画板去画画写生，傍晚他们倚在阳台上读书聊天。

9月，他们结束了康奈尔暑期课程，一同前往宾夕法尼亚大学就读，不过康奈尔的美景，却永远停留在了他们的心中，后来他们又和冰心利用假期一同重游风景秀丽的"绮色佳"。

康奈尔大学原校徽

康奈尔大学现校徽

求学宾大

1924年，梁思成23岁，林徽因20岁

1924年9月，梁思成和林徽因结束了康奈尔大学的暑期课程，一同前往宾夕法尼亚大学。

当年美国的建筑教育受法国巴黎国家美术学院影响非常大，宾大建筑系是当时美国最好的建筑系，因为这里有来自法国巴黎国家美术学院的高材生、著名的建筑教育家和建筑师保罗·克瑞特（1876—1945）。

可是林徽因没能如愿进入到自己向往的建筑系。由于当时宾大建筑系不收女学生，林徽因只好在美术系注册，注册英文名字叫菲莉斯·林（Lin Phyllis Whei-Yin），幸好美术系和建筑系同属宾大的艺术学院，相距很近，林徽因便经常跟着梁思成去建筑系听课。

梁思成如愿成了克瑞特的学生，林徽因成为了旁听生。在克瑞特的引导下，梁思成和林徽因接受了系统的

1926年1月17日，美国《蒙塔纳报》发表署名"比林斯"的文章《中国姑娘将自己献身于拯救她的祖国的艺术》，副标题是"在美国大学读书的菲丽斯·林（林徽因）抨击正在毁灭东方美的虚伪建筑"。

新古典主义建筑的教育。

　　林徽因很快融入了异国校园，成为中国留学生学生会里社会委员会的委员。聪明机灵的林徽因只用了两年多就取得了美术学士学位。同时这位建筑系旁听生也深得导师克瑞特的喜爱，竟然受聘担任建筑设计事务助理及设计指导教师，不久还成为这门课程的辅导教师。

　　在宾大读书期间，刻苦的梁思成常常流连在藏书丰厚的图书馆看书绘图，取得了优异的成绩，两次荣获宾大的设计金奖。而聪慧的林徽因也在宾大的圣诞卡设计竞赛中获奖，她用点彩技法绘制了一幅圣母像，颇有中世纪欧洲马赛克拼贴壁画的感觉。直到今天，这个圣诞卡和林徽因、梁思成的学籍一起完好地保存在宾大的档案馆中。

当年林徽因制作的圣诞卡

宾大同窗

19 世纪 20 年代

梁思成在宾大的作业

梁、林的老师保罗·克瑞特

宾大为中国培养了很多人才，尤其是宾大建筑学院培养出了中国第一批建筑大师，并且由他们开创了中国的建筑教育。最早来到宾大学习建筑的有朱彬、范文照、赵深、杨廷宝、卢树森、李杨安、陈值，然后是梁思成、童寯，再后来有贝聿铭等人。

宾大毕业生们回国后，他们创办了多所大学的建筑系，所以有人称中国近代的建筑教育为"宾大体系"。1931 年中国建筑师公会改称中国建筑师学会，会员有 39 人，其中宾大建筑系的毕业生有 13 位，占三分之一。

宾大建筑系的中国毕业生中最有成就的就是号称"南杨北梁"的杨廷宝和梁思成。1915 年杨廷宝和梁思成同年考入清华，1921 年杨廷宝就赴美到宾大留学，比梁思成早了三年，所以是梁思成的学长。他们都是保罗·克瑞特的得意门生。

1927 年杨廷宝学成回国加入基泰工程司，很快成为基泰建筑事务所设计事务负责人之一。1940 年起，杨廷宝兼任中央大学建

当年宾大建筑系的课堂

筑系教授。中华人民共和国成立后,杨廷宝担任南京工学院建筑系教授、中科院学部委员。1957年和1965年两次被选为国际建筑师协会副主席。

陈植是梁思成在清华时的同学,和梁思成曾经同住一个寝室。梁、林来美留学,在美国迎接他们的就是陈植,后来他们在宾大又是同学。陈植的姐姐陈意,当时在纽约攻读家政系的营养学,林徽因有时候从费城去纽约玩,就住在陈意的宿舍里,和陈意成为了好朋友。陈意学成回国后,担任燕京大学家政系的教授和主任。

童寯也是梁思成的同学,后来应梁思成邀请到东北大学建筑系,和梁思成、林徽因一起工作,并且在梁思成离开东北大学后,主掌东大建筑系,后来童寯也加入了营造学社。

梁母病故，林父过世

1924 年—1925 年

梁思成的母亲李惠仙出身名门，是顺天府尹李朝仪之女，是在传统环境中长大的女性。她对待孩子比较严格，家人都比较怕她。

意外的是，李惠仙患了乳腺癌，1922 年在菲律宾马尼拉做了乳腺切除手术，两年后乳腺癌复发，但已经无法再做手术了。

为了给李惠仙治病，全家人从天津来到北京。当时梁思成、梁思永和林徽因还未动身去美国，李慧仙说自己不要紧，让他们放心去留学，一定会等他们回来，可是这一别竟成了永诀。

梁思成结束了康奈尔大学的暑期课程后，到宾大注册，刚开始自己的留学生活，就接到了来自中国的噩耗：母亲李惠仙于 1924 年 9 月 13 日因病情严重医治无效，于北京病逝，终年 55 岁。

李惠仙和梁启超共同生活了 33 年。李惠仙在梁启超的影响下，也有自己的事业，她在上海创办了中国第一个女子学堂，担任校长，开风气之先创办《女学报》。梁启超在清

梁启超的岳父李朝仪

李惠仙的堂兄李端棻，慧眼识英雄，将堂妹李惠仙许配给梁启超。

末民初政坛中经历无数惊涛骇浪，她总是给丈夫以安慰和鼓励，替他抄录文章，和他共同面对风霜雨雪。夫妻二人一向恩爱有加，互相帮助，互相支持。

李蕙仙去世后，悲痛的梁启超写下了深情感人的《祭梁夫人文》，以缅怀自己的爱妻。不久后，梁启超在北京香山卧佛寺西的东沟村的小山上，买下1.8公顷土地，这也是梁启超为自己选中的百年以后的安葬之处。由梁启雄负责监工建造的梁家墓园，一年后终于完工。李蕙仙逝世周年时，全家人把她的灵柩安葬于梁家墓园中。

民国初年政治动荡，林长民对政治失望，离开北平回到老家福州，到自己创办的福建法政学堂任教。1925年春，林长民到美国进行短期访问，顺便去宾大看望女儿和未来的女婿梁思成，没想到这一见竟然就是永别。

林长民去世的时候年仅49岁，大家都为才子的惨死而惋惜。1926年1月，在雪池斋召开追悼会，梁启超送上挽联。林长民是家中唯一的经济来源，但他为人清廉，家中只有三百多元现金，两位太太和一大帮未成年子女的生活顿时没有了着落。于是梁启超出面筹款处理丧事，并资助林家生活。

林长民视女儿林徽因为知己，林徽因也把父亲当作最好的朋友。得此噩耗，林徽因悲痛万分，想要放弃学业回国料理父亲丧事，想要承担家庭生活重任，但是遭到了母亲和梁启超的劝阻，其家事便都由梁启超帮助办理。

确定职业生涯

1925年，梁思成24岁，林徽因21岁

1927年2月，梁思成获得宾大建筑学学士学位，林徽因获得艺术学学士。6月，梁思成获建筑学硕士学位。梁思成在学习期间，曾任建筑学助教，获得宾大建筑设计金质奖章、南北美洲市政建筑设计联合展览会特等奖章。

梁思成在宾大学习期间，就显示出了对建筑历史的浓厚兴趣。宾大的巴黎美院式古典主义教育，以各国历史性建筑风格为主要教学内容，宾大基于巴黎美院传统的教学计划，不仅仅培养职业建筑师，也同样培养建筑史学家。梁思成的很多作业涉及希腊、罗马的古典柱式和欧洲中世纪、文艺复兴时期的建筑。在宾大的最后一年里，梁思成强化了对意大利文艺复兴建筑的研究。对西方建筑史的学习和掌握，无疑深刻地影响了梁思成后来的职业选择。

梁启超得到朱启钤赠送的《营造法式》时，立即寄给大洋彼岸的梁思成。在扉页上，梁启超留下赠言："……与此一千年前有此杰作，可为吾族文化之光宠也。朱桂华校印甫竣，赠我此本，遂以寄思成徽因俾永宝之。"他还在信中评论道："一千年前有此杰作，可为吾族文化之光宠也。"

这套《营造法式》是北宋京城汴梁宫殿建筑的营造手册，可是对于当时的国人来说，却是一本谁都看不懂的天书，书的作者是宋徽宗时期的工部侍郎李诫，这个名字深深地印在了梁思成和林徽因的心中。破译这本天书，成为梁思成和林徽因的梦想和使命。该书跟随梁思成夫妇多年，夫妻二人郑重钤印"思成徽因珍藏宫室金石图籍"，书内用铅笔、朱色、墨色圆珠笔迹做批注，对《营造法式》订正讹误甚多。

在学习建筑史的过程中,梁思成发现,拥有悠久历史的中国竟然还没有人来研究自己的建筑史。当时梁思成就下定决心,既然没有人做,那么就由自己来完成这个工作。一个有着五千年历史的国家,怎能对自己的古建筑一无所知?怎能没有一部自己的建筑史呢?

十多年以后,在炮火连天的抗日战争中,在李庄,梁思成和林徽因终于完成了《中国建筑史》。

朱启钤前后费时 7 年、耗资 5 万多元,最终于 1925 年出版的陶本《营造法式》。

求学哈佛

1927 年梁思成 26 岁

在宾夕法尼亚大学学习了三年后，1927 年 6 月，梁思成以优异成绩获得宾大建筑学硕士学位。梁思成和林徽因决定先不回国，继续在美国读书深造。8 月，梁思成向哈佛人文艺术学院申请研究生，准备研究东方建筑。而林徽因正痴迷于戏剧和美术，于是申请到距离哈佛不远的耶鲁大学学习舞台设计。9 月梁思成和林徽因离开费城前往各自心仪的学校去读书。

哈佛与耶鲁、宾大、康奈尔、哥伦比亚大学都是常青藤联盟大学，哈佛大学曾为中国培养出许多科学家、作家和学者，比如竺可桢、赵元任、陈寅恪、林语堂、梁实秋等。

在哈佛，梁思成的导师是著名的东方学者兰登·华尔纳 (L. Warner)。华尔纳专攻东方考古和艺术，对佛教艺术特别感兴趣。华尔纳曾经受哈佛福格艺术馆委派，于 1923 年到中国参加敦煌

兰登·华尔纳在中国

考古发掘，之后还与燕京大学合作，成立了哈佛燕京学社。

梁思成博士论文的内容是"中国宫室史"。梁思成通过哈佛图书馆的丰富藏书，开始了大量的阅读，悉读相关的建筑文献。可是当年在哈佛，不要说关于中国古代宫室的资料，就是关于中国古代建筑的资料都极其稀少。梁思成读完了当时所有能找到的有关中国建筑的资料后，发现仅仅依靠这些资料不可能完成他的博士论文。他认为，要研究中国古建筑，决不能光靠书本，必须实地考察。至此，梁思成决定暂时放弃博士论文的写作，回国研究中国建筑。他与导师华尔纳商定此事，预备两年后再提交他的博士论文。但没想到的是，当梁思成在抗战中的李庄写完《中国建筑史》时，已经是15年后了。

哈佛大学怀德纳图书馆

求学耶鲁

1927 年林徽因 23 岁

1927 年林徽因取得学士学位，结束了宾大的学业，因为喜欢戏剧，续而转入耶鲁大学戏剧学院，在著名的贝克教授工作室学习舞台美术，成为中国第一个学习舞台美术的留学生。

林徽因一生钟情戏剧，从 21 岁登台饰演齐德拉开始，到美国留学期间加入"中华戏剧改进社"，并且和余上沅、闻一多等人共同推进"国剧运动"。

1929 年林徽因回国后正好赶上南开中学校庆，南开中学部主任是林徽因的老朋友、新月社的张彭春，他邀请林徽因为校庆文艺演出设计舞台美术。

曹禺也邀请林徽因为他本人主演的戏剧《财狂》设计布景。林徽因难得有这么一次展露所学舞美才华的机会，于是精心设计制作。她在舞台上建造了亭台楼阁，整个布景如同一首诗、一幅画。那段时间，《益世报》《大公报》连日赞扬林徽因的布景设计。

不过，当时林徽因正和梁思成专注于营造学社对古建筑的考察，没能继续在这一领域施展才华。她只留下了一篇探讨舞台美术的文章《设计和幕后困难问题》，发表于 1931 年 8 月 2 日《晨报·剧刊》。

林徽因一直没有割舍和戏剧的情缘，于 1937 年发表了她唯一的四幕剧本《梅真同他们》，从 5 月起每月写一幕，但后来因七七事变爆发，而没有写完最后一幕。

林徽因一生爱好广泛，涉猎建筑、美术、诗歌、散文、小说、戏剧等。她生活在动荡的民国时代，可是却一直在用自己的生命追逐着美的方向，舞台美术只是她生命中如流星划过天际的一瞬，这一瞬却留下了永恒的美丽。

林徽因作为第一位学习舞台美术设计的中国人，本应在中国的舞台美术史上留下一串深刻的足印。

林徽因去世以后，梁思成亲自给妻子设计墓碑，墓碑上刻着"建筑师林徽因"。

起初他在墓碑上拟定了四个称号，其中之一就是"舞台美术家"，由此看出他深深懂得林徽因对戏剧和舞台美术的热爱。梁思成知道这是林徽因心中的一个未完成的梦，这个梦当初就孕育在新月社，成长在耶鲁大学。

留学美国的林徽因

梁林成婚

1928 年，梁思成 27 岁，林徽因 24 岁

1925 年，梁思顺的丈夫周希哲调任中华民国驻加拿大领事馆领事，于是梁思顺带着妹妹梁思庄一起去了加拿大。梁启超等梁思成和林徽因学成之后，就开始筹备他们的婚礼。他准备把婚礼安排在海外，让他们婚后直接去欧洲蜜月旅行，然后再回国拜见双方父母，但又怕两个孩子不知道如何把婚礼办得妥帖，就决定让他们去不远的加拿大，由姐姐和姐夫为他们张罗。

此时，林徽因的父亲已经去世，婚姻大事得找家族中的男性长辈来做主，所以梁启超致信林徽因的姑丈卓君庸，请他和林徽因的母亲何雪媛，商量两人的婚事、梁家的聘礼等具体事项。

毕竟这是长子成婚，梁启超非常重视，尽管两人不在国内举行婚礼，但婚姻大事不能草率，加之林徽因的父亲刚刚去世，婚礼就更要庄重大气，从订婚到聘书、礼书，每项都要做得周全。

1927 年末，梁启超病重在天津住院，梁、林的订婚仪式都交给梁启超的弟弟梁启勋全权操办。一切都按照梁启超的计划有条不紊地进行，聘礼的规制和价格都按照当时的高规格，合乎双方的家庭和身份。

梁家的聘礼是一对玉佩，林家的聘礼是一双玉印，因为刻玉高手难觅，所以只是未雕之璞玉，不过价格就高达 150 元。

梁启超邀请好友、哲学家林宰平作为媒人，委托弟弟梁启勋在北京南长街为他们的婚事庙见大礼、文定大礼，也就是人们说的明媒正娶的"三书六礼"。

1928 年，梁思成、林徽因遵照父辈的嘱咐，将婚礼的日子定在 3 月 21 日。这是一个特别的日子，是宋代建筑大师李诫墓碑上唯一的日期。由此可

以看出，在两个人心中，李诫的分量有多重，李诫的《营造法式》对两人的影响有多大。他们记得书的扉页上梁启超为他们题的字，告诉他们"寄思成徽因俾永宝之"。

婚礼在渥太华的中国领事馆中举行，新娘林徽因戴着自己设计制作的婚礼花冠，穿着自己缝制的婚礼服走向红地毯。姐姐姐夫为梁思成、林徽因张罗了丰盛的婚宴。一对新人按照中国习俗，行了谒祖礼，也给姐姐姐夫行了三鞠躬礼。两人终于结束了漫长的苦恋，走进了婚姻的礼堂，婚后他们开始了甜蜜的欧洲旅行。

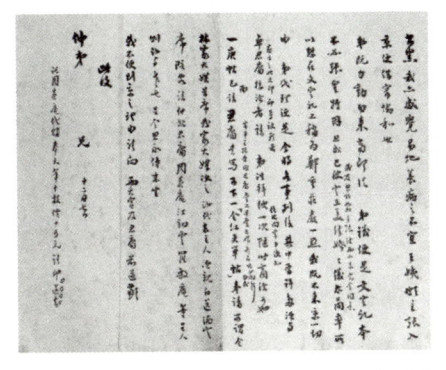

1927年12月7日梁思成和林徽因文定礼本（部分）

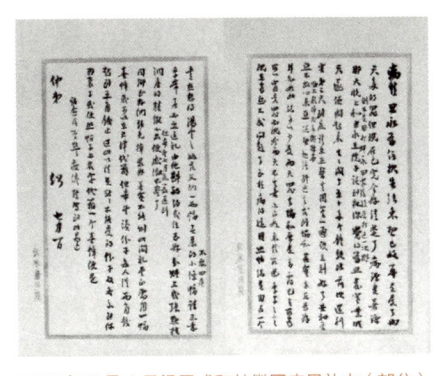

1927年7月1日梁思成和林徽因庙见礼本（部分）

赴欧旅行

1928年3月—9月

两人在加拿大结婚后，跨越大西洋，从伦敦开始了欧洲之行。林徽因是旧地重游，而梁思成对这里也并不陌生，因为在他的建筑史的作业中，早就一笔一笔地画过这些伟大的建筑了。他们蜜月旅行的目的，就是要实地看看这些在课堂上、作业中遇到多次的古建筑。

在英国，他们去了圣保罗大教堂、布赖顿皇家别墅、英国议会大厦，还有海德公园的水晶宫。

在德国，他们去了科隆大教堂、爱因斯坦天文台，参观了以专门培养建筑师著称的包豪斯学院。

在瑞士，他们去了阿尔卑斯山和日内瓦。

在意大利，他们去了罗马，看到了角斗场，去了威尼斯，然后由水路抵达法国。

在法国，他们去了凡尔赛宫、卢浮宫，在那里他们和蒙娜丽莎相见，去看望维纳斯和胜利女神，还有那数不清的古希腊、古罗马、古埃及的雕塑和绘画。

在西班牙，他们去了阿尔罕布拉宫，那是西班牙最著名的王宫。

1928年8月，梁启超肾病加重，加上他已经为梁思成、林徽因联系好了去沈阳东北大学的工作，于是他们马上中断了欧洲之行，放弃葡萄牙、土耳其等国家的旅行计划，从巴黎乘火车横穿西伯利亚回国，经过哈尔滨、沈阳，回到北平。

第三部分 婚前婚后 **077**

爱尔兰
英国
剑桥
伦敦
圣保罗大教堂
英国议会大厦
海德公园
阿姆斯特丹
荷兰
比利时
布鲁塞尔
科隆大教堂
法兰克福
德国
柏林
波茨坦
爱因斯坦天文台
魏玛
包豪斯学院
波兰
布拉格
捷克
巴黎
凡尔赛宫、卢浮宫
法国
苏黎世
瑞士
日内瓦
奥地利
威尼斯
意大利
里昂
罗马
葡萄牙
西班牙
马德里
格拉纳达
阿尔罕布拉宫

梁林赴欧洲蜜月旅行所到之处

回乡省亲
1928 年林徽因 24 岁

1928 年 8 月梁思成和林徽因回国后,原计划在北平见过梁家亲属后,去西山祭扫梁母的坟墓,然后一同回林徽因的老家福州省亲,探望她的母亲何雪媛。

可是东北大学建筑系已经开学,学生们已经在等待他们去上课了,所以梁思成便一个人先去了沈阳,林徽因独自回福州省亲,然后接寡居的母亲到沈阳同住。

林徽因出生在杭州,还没回过福州老家,当她来到福州的时候,林家的祖宅已经卖掉了。林徽因不愿住父亲在水部高桥巷的日式平房,就住在福州仓山区康山里的"可园"中。

"可园"是 20 世纪 20 年代兴建的、中西合璧的别墅楼,独门独户,有庭院花园,周围都是欧美各国领事馆,西方文化氛围浓厚,深受林徽因的喜爱。

在福州,她专门去看了父亲创办的福建法政学堂,受到了学校师生的热情欢迎和款待,并且应邀为乌石山第一中学做了一场"建筑与文学"的演讲,又到仓前山英华中学做了"园林建筑艺术"的演讲。此外,还为其叔林天民设计了福州东街的文艺剧场,成为当时福州的著名景点。林徽因还走访了福州避暑胜地——鼓岭。

林徽因一生颠沛流离,只回过一次老家,不过因为受父亲的影响,讲得一口地道福建话。

林家的祖宅位于福州市鼓楼区杨桥东路 17 号,现为林觉民故居。这个院子建于清朝中期,原来大门面向南后街,占地面积大约 700 平方米,院子坐西朝东，四面风火墙。

广州起义失败后，林家人为避难搬入光禄坊早题巷，将老宅卖给了冰心的爷爷谢銮恩，冰心在这套宅院中长大，所以这里也是冰心的故居。

林觉民在《与妻书》中对此地有此描述："回忆后街之屋，入门穿廊，过前后厅，又三四折，有小厅，厅旁一室，为吾与汝双栖之所。初婚三四个月，适冬之望日前后，窗外疏梅筛月影，依稀掩映……"

林徽因在父亲创办的福建政法学堂门前合影。1925年福建政法学校改名为私立福建大学，1949年后更名为福建师范学院。

冰心在《我的故乡》里也描述道："具有很典型的福州民宅特点，除中轴建筑外，左右两旁还有许多自成院落的房屋，每个院落都有水井；北院之西还横亘着一列生西朝东的双层楼房，楼房之西为花园。"

当时东北大学建筑系刚刚初创，只有梁思成一人在支撑，所以林徽因在福州只停留了一个月，就赶紧带着母亲和准备就读东北大学的三弟林暄赶往沈阳。

这一走，她就再没有回到过故乡。

事业的奠基

第四部分

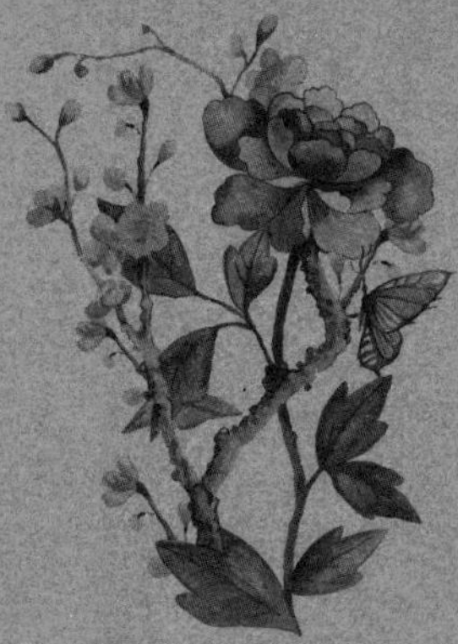

一对学者伉俪，一段激荡历史
几十年的峥嵘岁月里，一直
传说着她的美丽、才华、魅力和爱情
传说着他对一座座古城的眷恋和痴迷

东北大学任教

1928 年，梁思成 27 岁，林徽因 24 岁

在梁思成和林徽因回国前，细心的梁启超早就为他们的工作做好了准备。他有两个选择：一个是清华大学，一个是东北大学。梁启超当然希望儿子能够留在清华，可是 1928 年北伐成功，南京政府要接管教会管理的清华大学，清华的前途风雨飘摇。另一方面，有人来请梁公子去干一番大事业。

张作霖统一东三省后，筹办了东北大学，可是吉林省决定自办大学，于是辽宁和黑龙江合办了东北大学。1923 年，东北大学在沈阳奉天高等师范学校正式开学。高等师范的校舍年久失修，于是张作霖和清室沟通，得到清室捐赠昭陵陵地 300 余亩，并收购附近农田 200 余亩，1926 年开始兴建东北大学北陵校区。

北陵校区由杨廷宝进行规划，俯瞰是一尊坐佛，体育场是佛头，图书馆是心脏，理工学院是丹田，南北教师宿舍是四肢。东北大学由西门至东门有 3 里路，当时沈阳老城城墙东西也只有 2.5 里，可见东北大学规模之大。

1928 年张学良亲任东北大学校长，东北大学下设五大学院，办校规模为全国之最，每年拨款是北大的三倍。张学良重金礼聘名师，章士钊、梁漱溟、罗文干等一批名师来到沈阳。

张学良准备聘请宾大优秀毕业生杨廷宝到东北大学开办中国第一个建筑系，可是杨廷宝已经和基泰公司签约，于是杨廷宝就推荐了校友梁思成。1928 年，梁、林还在欧洲蜜月旅行时，东北大学的聘书就已经寄到北平梁启超手里了，待遇十分优厚，梁思成月薪 265 元，在新聘任的教授中薪水最高。

当时梁启超病重，两人提前回国。车到沈阳时，梁思成在清华时的学长

高惜冰在车站等候他。高惜冰当时是东北大学工程院院长,他把东北大学聘任二人的消息告诉了他们。梁思成将要出任的是东北大学建筑系主任,这是中国第一个建筑系,他的学生都已经招好了。不过,夫妻两人还要先回北平看望父亲。还好梁启超的病情有所好转,于是在北平完成了拜祖的礼节后,梁思成便独自赶赴沈阳。原来计划两人回福建老家省亲,林徽因就只能自己去了。不久后林徽因的堂弟林宣也跟着林徽因去了东北大学,在建筑系读书。

"九一八"事变以后,日本占领东大,把校园作为兵营,东大迁往北平。七七事变后,东大迁往西安。日军逼近潼关,东大迁往四川。抗战胜利后,东大又迁回原址,1949年后迁往长春,成立东北师范大学,北陵校区被辽宁省军区和省政府使用。2001年,东北大学旧址成为全国重点文物保护单位。

1928年的林徽因　　　　　　　　　　1929年林徽因在东北大学

在沈阳安家

1928 年夏

1928 年梁思成来到东北大学时，第一届建筑系的 15 名学生已经在等待着他了。当年的东北大学只有理工学院一栋大楼，建筑系就在这栋大楼里上课。

不久后，林徽因带着母亲和三弟从福建老家赶来，夫妻俩就在东北大学的教工宿舍中安下了家。

东北大学是按照西方大学模式进行规划的，校舍都建在郊外，校园面积广阔，规划整齐，自成体系，但是距离市区比较远，教师和学生便都住在校园里。东北大学为教授提供了漂亮的别墅住宅，校园里面有医院、附属小学、教师俱乐部，生活条件非常不错。

没想到 1928 年冬天，第一个学期还未结束，梁启超就病情恶化离世了。因当时东北大学建筑系只有他们两位教师，所以梁思成、林徽因两人回北京处理完父亲的丧事后，就马上返回了学校。直到 1929 年第二学期开始，建筑系才一点一点地走上了轨道。

1929 年夏第三个学期开始，梁思成的宾大校友陈植等人陆续来东大任教，他们的压力才小了一些。有空闲时，他们会一起去不远的昭陵测量古建筑。

在东北大学，梁思成、陈植、童寯、蔡方荫四人组成了"梁陈童蔡营造事务所"，虽然里面没有林徽因的名字，但是她也参与了事务所的每项设计工作。

此外，吉林大学创办时，梁思成还为该校制定了总体规划，设计了吉林大学图书馆和教学楼。

原吉林大学是梁思成的第一件建筑设计作品。梁思成设计的这组建筑现属于东北电力大学，被称为石头楼。三座楼分别按海、陆、空的理念而设想，根据飞机、军舰、堡垒的特点进行设计。中间是图书馆和礼堂，从空中俯瞰是飞机的形状；东楼的东北角矗立一根烟筒，象征军舰的烟筒，南北还开了两个小门，象征通向甲板的门；西楼南北没有门，在南北山墙上设置了大窗，象征堡垒。

林徽因设计的东北大学校徽

1929年，东北大学校长张学良公开悬赏征求校歌和校徽，最终选中的是赵元任谱曲、刘半农填词的校歌，校徽选中的是林徽因的设计。林徽因设计的东大校徽，主体图案为白山黑水，象征着东北的长白山和黑龙江，校徽上方为八卦中的艮卦，代表东北方位。圆形外圈文字是"东北大学"，内圈文字是校训"知行合一"。

西楼模仿堡垒

图书馆和礼堂像一架飞机

东楼好似军舰

投入教育事业

1929 年，梁思成 28 岁，林徽因 25 岁

东北大学理学院大楼旧照。梁思成到东北大学时，只有一栋 1925 年建成的理工大楼，1929 年进行东北大学校园总体规划，开始大规模建设，东大建筑系就是在这里开始的。现在这栋建筑已经成为辽宁省政府办公厅。

1922 年，留日学习建筑学的柳士英和刘敦桢回国创办了苏州专业工科学校，开办了建筑专业，这是中国第一个建筑专业，后于 1927 合并到了中央大学。

1928 年，梁思成在东北大学创办了中国第一个建筑系，他依照母校宾大模式，全面采用英美教学方式。建筑系开设的课程基本与宾大建筑系相同，有技术类、美术类，还有独具特色的西洋宫室史、中国宫室史、西洋美术史、东洋美术史、营业法、合同等课程。教材几乎都是英美教材，授课和作业均使用英语，教学非常严格。两门主课里，梁思成讲建筑工程理论，林徽因讲建筑设计，此外林徽因还负责雕饰史和专业英语等课程。

梁思成和林徽因带着对事业的热情和执着投入到了教学工作当中，白天授课，晚上帮学生批改作业，每天忙到深夜才回家。平日里，他们经常把学生带到北陵和沈阳故宫去上课，以真实的古建筑作教具，讲授建筑的历史与艺术魅力。他们的课都深受学生们的欢迎。

第二年夏天，梁思成请来宾大时的同学陈植和蔡方荫到东大建筑系任教。1930 年，童寯也加入了东大建筑系。志同道合的老同学们凑到一起，把建筑系办得红红火火，每个周末还会聚在梁家吃茶、聊天，非常开心。

1930年林徽因到西山养病，1931年东北的政治局势紧张起来，梁思成接到营造学社的邀请，去研究他向往的古代建筑。于是他将建筑系交给了师弟童寯，去了北平。

"九一八"事变爆发，东北沦陷，东北大学西迁。中国第一个建筑系的首批学生还没有毕业，当时只有中央大学还有建筑系，于是在童寯的带领下，东大建筑系合并到了中央大学，东大建筑系短暂的历史就此结束。

这批建筑系本科生毕业时，梁思成专门写了三千字长信予以祝贺。他深情地说："这些毕业生将是'国产'建筑师的'始祖'。"他的学生们后来几乎都成了建筑界的精英，如刘致平、刘鸿典、张镈、林徽因的三弟林暄，等等。

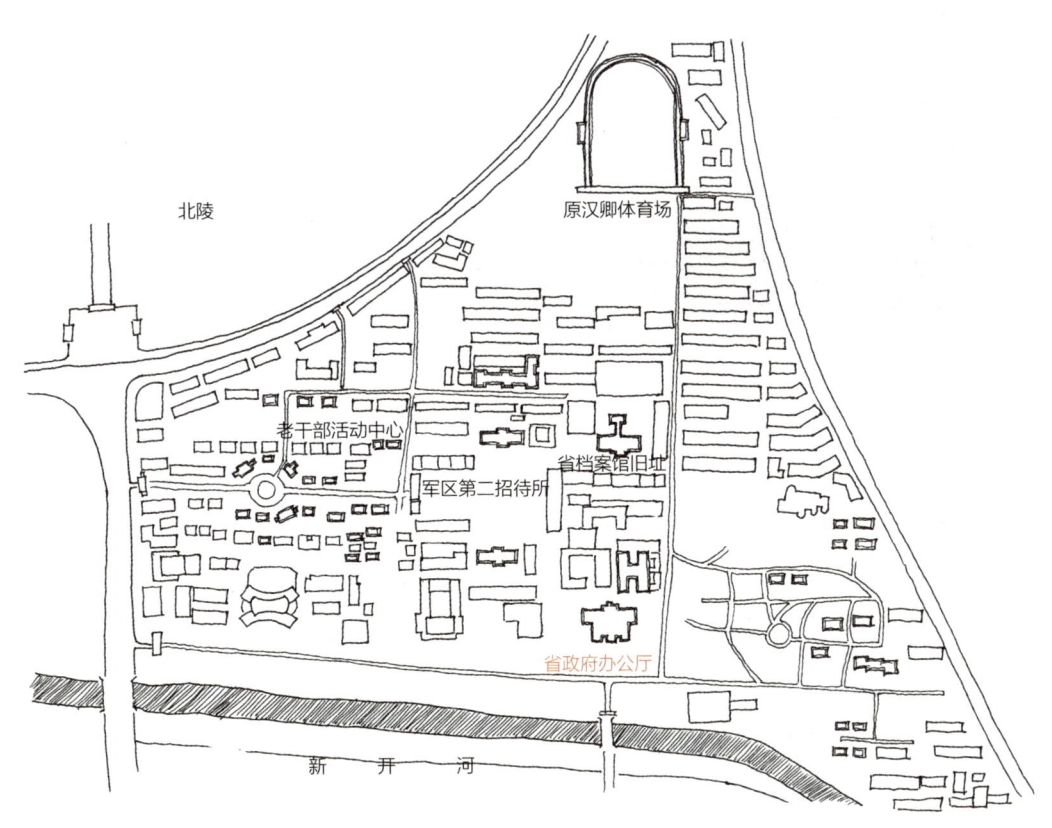

东北大学的北陵校区陆续只使用了五年，1949年后为省政府和省军区使用。东北大学旧址共留下76栋建筑，图中双线部分是保留至今的原东北大学主要建筑。

基泰公司

中国近代最著名的建筑事务所

中国近代规模最大、最著名的建筑事务所叫基泰工程司,是由关颂声在天津创办的,后来扩展到北京、南京、上海、重庆、沈阳等地,1949年后转移到香港、台湾。

泰基工程司留下一大批著名的建筑作品,同时还培养出了杨廷宝、张镈等建筑设计大师,在中国近代建筑史上有着重要的一席之地。

关颂声,1892年生于天津,1913年毕业于清华预备学校,进入美国麻省理工学院学习建筑学,1919年回国,曾助理监造北京协和医院工程。1920年,他在天津创办基泰工程司,后来朱彬、杨廷宝、杨宽麟、关颂坚四位合伙人陆续加入,逐渐发展成为中国近代最大的建筑事务所。由于关颂声与宋子文是同学,他的夫人与宋美龄是同学,所以他同蒋介石家族的关系非同一般,这也为基泰的发展奠定了特殊的基础。

关颂声通过张学良,承揽下东北大学全部校舍和沈阳总站的设计。1928年,基泰工程司在天津马家口(今和平路东)滨江道建造办公总部基泰大楼,历经八十年风雨,至今保存完好。

梁思成和林徽因还在美国的时候,基泰公司就多次与梁、林商谈,邀请他们加入,可是梁思成最后决定在大学任教,投身教育和研究事业。

关颂声

沈阳总站手绘图。沈阳总站是杨廷宝的第一件建筑设计作品。沈阳总站位于北市场，后来称为沈阳北站。1990年新北站建成，1913年老北站被列为全国重点文物保护单位。

基泰大楼手绘图。基泰大楼高四层，底层外租商铺，二三层出租，四层为基泰工程司业务办公和绘图房，后来又添加一层。该建筑保留至今，仍然完好。

    杨廷宝和梁思成是清华校友，1927年二人从宾大毕业，杨廷宝回国加入了基泰工程公司，是该建筑事务所设计事务负责人之一，1940年起兼任中央大学建筑系教授，1949年后任南京工学院建筑系主任、副院长、中国建筑学会理事长等，1957年和1965年两次被选为国际建筑师协会副主席。杨廷宝负责设计了南京中央医院、京奉铁路沈阳总站、中山陵音乐台、南京大学、紫金山天文台、北京王府井百货大楼、北京和平宾馆等，还参与了人民大会堂、人民英雄纪念碑、北京火车站、北京图书馆、毛主席纪念堂等建筑工程方案的设计。

大师离世

1929 年 1 月 19 日梁启超去世

1924 年梁启超就患有尿血症，不过并不严重，当时他在清华讲学，在城内各校还有定期的演讲，非常繁忙，加上梁夫人病重，他自己就一直没去看病。

1926 年年初，梁启超的病情越来越重，3 月住进了协和医院，检查后发现右肾有黑点，血由右边流出，诊断为肿瘤，需切除右侧的肾。手术很顺利，可是病情仍未见好转。

手术两年多后，梁启超的病情恶化。当时思顺、思庄、思永、思忠都在美国，其余子女都还小，正在沈阳的梁思成和林徽因赶到北平协和医院，刚从欧洲回到上海的徐志摩也立即赶往北平探望恩师。

1929 年 1 月 19 日，梁启超病重不治，与世长辞，年仅 56 岁。当晚送到宣武门外老墙根边的广惠寺。2 月 17 日，梁启超追悼会在北京广惠寺举行。同时上海文化界也召开了庄重的追悼大会，《新月》杂志组织了"悼念梁启超专辑"。

梁启超是一位细心慈爱的父亲，虽然子女众多，且经常不在身边，但他仍然关心着孩子们的学习和成长，像朋友一样跟他们写信谈心，在那个年代，的确是一位不可多得的好父亲。梁家九个子女全都能成为人才，和梁启超的教育密切相关。只是这位父亲才刚刚看到了思顺、思成成家立业，就过早地离开了他深爱的孩子们。

1929 年暑假，梁思成陪同林徽因返回北平。在协和医院，林徽因产下一女，取名"再冰"，以纪念梁思成的父亲"饮冰室主人"梁启超。

梁启超为自己选定的埋骨之地位于北平香山卧佛寺西东沟村。墓园背倚西山，前有樱桃沟流出的溪涧。四周环围矮石墙，园内栽满松柏。

五年前夫人李蕙仙已在这里下葬，当年梁启雄设计的时候就做成了一穴两窟，中间用小窗相通，这样再次下葬时就不会干扰到先逝之人。

1929年9月8日，梁任公的灵柩沿着当年李夫人走过的路，从广惠寺出发，出西便门前往香山卧佛寺，第二天举行了隆重的佛教葬礼，灵柩入葬梁氏墓园。

墓园内北面是梁启超及其夫人李惠仙的合葬墓。墓前立着梁思成设计的墓碑，墓碑上并没有纪念性的碑文。梁启超曾嘱咐他的子女："将来行葬礼时，可立一小碑于墓前，题新会某某，夫人某某之墓，碑阴记我籍贯及汝母生卒，子女及婿、妇名氏、孙及外孙名，其余浮词不用。"

梁启超

梁思成设计的八角纪念亭。石亭上面的人字形斗拱，和吉林大学石头楼上的斗拱几乎一模一样。

在香山养病

1930年林徽因26岁

林徽因在香山

1930年初，徐志摩到沈阳看望病中的林徽因，劝她回北平治病。当时东北时局不稳，于是林徽因辞去东北大学职务，一个人返回北平看病，住在西直门外大姐梁思顺家。2月，她在协和医院被诊断为肺结核，医生建议她进行疗养。3月，林徽因和母亲带着一岁多的女儿梁再冰，一起去香山双清别墅养病。

当时香山并不向外开放，所以山中凉爽安静，非常适合疗养身体。在此期间，徐志摩多次前往探望，诗人的到来也激发了才女林徽因的诗情。在养病期间，闲来无事的林徽因拿起笔开始写诗。1931年，林徽因先后发表诗作《那一晚》《谁爱这不息的变幻》《仍然》《激昂》《一首桃花》《山中一个夏夜》《笑》《深夜里听到乐声》《情愿》及短篇小说《窘》等。

1931年夏天，梁思成也结束了他在东北大学最后的教学任务，告别了风雨飘摇的沈阳，来到林徽因的身边。经过一段时间的休养，林徽因的身体得到了恢复，于是他们接受了朱启钤的邀请，到中国营造学社供职，开始了他们一生中最钟情的中国古建筑研究。

后来林徽因的身体一直不太好，在1932年夏和1935年春又两次来到香山养病。

才女林徽因

1931 年林徽因 27 岁

《北斗》创刊号

1931 年 4 月，林徽因的三首诗《谁爱这不息的变幻》《那一晚》《仍然》发表于徐志摩主编的《诗刊》第二期，分别署名林徽因和尺棰。"尺棰"取自《庄子》中的"一尺之棰，日取其半，万世不竭"。

同年 9 月林徽因的诗《激昂》发表于丁玲主编的刊物《北斗》创刊号上。不久陈梦家编选的《新月诗选》出版，选入林徽因的四首诗。这是林徽因的诗第一次在诗集中出版。

以后的几年中，林徽因相继在《诗刊》《新月》《学文》《文学杂志》上发表了几十篇作品，其中多数发表在沈从文主编的《大公报·文艺副刊》上面，仅 1936 年就发表十多首。

1936 年戴望舒、卞之琳、梁宗岱、冯至等人创办了《新诗》月刊，《新诗》月刊第 6 期上预告即将出版林徽因的诗集。可是别的诗集都如期出版，唯有林徽因的诗集一直没有问世。很快抗日战争爆发了，接着又是解放战争，林徽因的身体每况愈下，直到 1955 年病逝，她都没能看到自己的作品集结成书。

林徽因去世后，梁思成亲手誊抄过一本林徽因诗集，准备出版成书以纪念爱妻，可惜在当时的政治环境中，这个梦想并未实现。

1954年，福建师范学校的助教陈钟英到北京大学进修，得知福建才女林徽因的一些故事，便对这位老乡产生了兴趣。

陈钟英去北大图书馆，想找几本林徽因的书来看，结果发现没有一本林徽因的书，于是她萌生了把林徽因作品编纂成书的想法，只是没想到这个梦想需要等那么长时间才得以实现。

林徽因去世30年后，也就是1985年，陈钟英编写的《林徽因诗集》才得以出版，这是有关才女林徽因的第一本书。

早在发表诗歌之前，林徽因就曾在1923年翻译过王尔德的童话《夜莺与玫瑰》，并发表在《晨报》"五周年纪念增刊"上，署名尺棰。这是林徽因第一次发表文章。

在写诗的同时，林徽因也在尝试小说创作。1934年，其小说《九十九度中》发表在《文学月刊》创刊号上。虽然林徽因一生只留下六篇小说，分别是"模

林徽因手稿

影零篇"的《钟绿》《吉公》《文珍》《琇琇》《窘》《九十九度中》,可是在京派小说中,林徽因绝对是占有一席之地的。

此外,林徽因还担任过朱光潜主编的《文学杂志》的编委,为北平女子文理学院的外语系讲授英国文学课程,经常参加北平文学界的各种活动。1936年平津各大学及文化界发表发起抗日救亡的《平津文化界对时局宣言》,林徽因是发起人之一。

林徽因的散文《蛛丝和梅花》《彼此》《悼志摩》《纪念志摩去世四周年》等都很精彩,《窗子以外》被朱自清选入西南联大国文教材。

关于建筑方面的文章,她都写得非常有神韵,她主笔完成的《平郊建筑杂录》被选入当今大学语文教材。

不过,林徽因生前却一直没有出版过自己的文集,80年代末人民文学出版社和香港三联书店隆重推出过一套《中国现代作家选集》,精心选择几十位有代表性的现代作家,为每人出版一本选集。1990年,这套丛书之一的《中国现代作家选集:林徽因》终于面世了,此时距离林徽因去世整整35周年。

总布胡同

1931年，梁思成30岁，林徽因27岁

　　1931年9月29日，林徽因结束香山疗养生活，梁思成也从沈阳回到了北平，一起搬入了东城的米粮库胡同。这条胡同里住着许多老朋友，胡适、傅斯年、陈垣的家都距离不远。不过梁思成一家老小加上仆人十几口都住在这里，还是显得有点狭窄，于是就租下了东城北总布胡同三号，在这里一住就是六年。

　　北总布胡同三号是一套两进式的四合院，大大小小有四十多间房，院里种着丁香、海棠还有高大的马缨花树，垂花门分开里院和外院。客厅在里院正房，即著名的"太太的客厅"。窗棂纸被换成了透光玻璃，阳光可以洒满房间。北面有一个林徽因最喜欢的红木桌，上面摆着她常用的毛笔和砚台，书桌旁边紧挨着书架，摆满了中外文书籍，墙上挂着梁启超手书的对联"清水出芙蓉，天然去雕饰"，房间布置得很清雅。在这间书房里，经常可以听到来自祖国各地的文人学者以不同方言或英语进行讨论。

　　"太太的客厅"很快聚集了一批当时中国知识界的文化精英，品茗坐论天下事，好不热闹。慢慢地，梁家便形成了30年代北平最有名的文化沙龙，座上宾都是当时颇有影响的人物，如徐志摩、沈从文、金岳霖、朱光潜、胡适等。每逢聚会，几乎都以林徽因为中心，谈古论今，皆是学问。

　　1932年夏，林徽因在协和医院又生下一个男孩，取名从诫，是为了纪念《营造法式》的作者宋代建筑师李诫。

　　林徽因喜欢结交朋友，很快北总布胡同就成了北平文化人常来常往的地方。家里的人口也越来越多，她不得不忙着安排好丈夫、母亲、孩子、亲戚及仆人们的琐碎生活。

梁思成是梁家的长子，林徽因是林家的长女。1935年，二弟林恒准备考清华大学，便住在北平姐姐家。梁启超年幼的弟弟妹妹，以及大姐梁思顺的女儿周念慈，也经常来梁思成家里住。

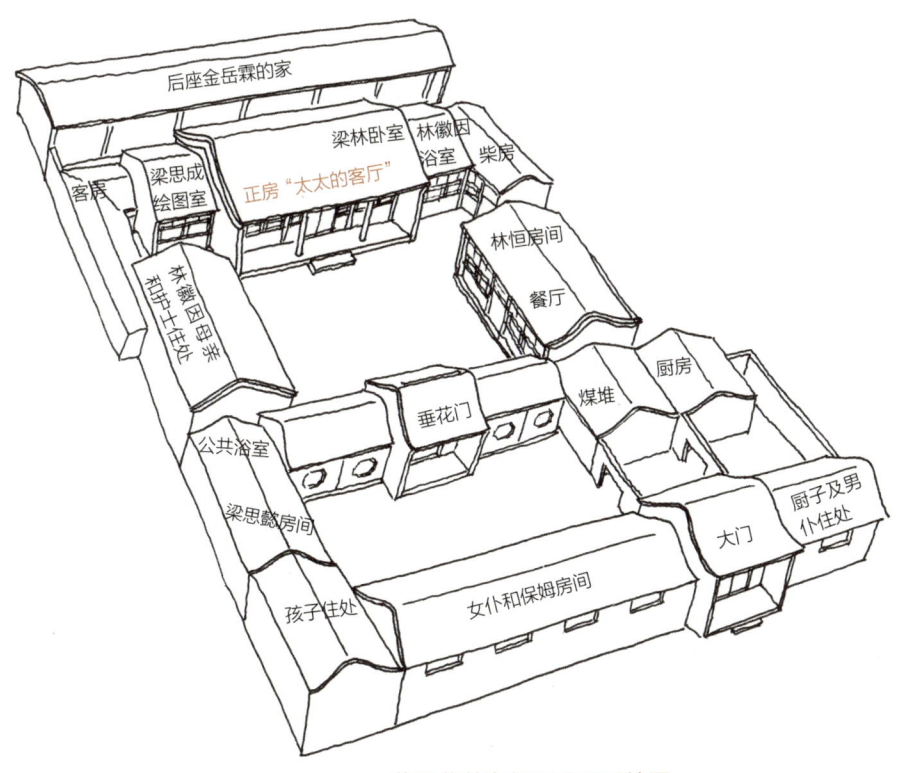

北平北总布胡同三号手绘图

加入营造学社

1931年，梁思成30岁，林徽因27岁

朱启钤，字桂辛，号蠖公，人称桂老。他漫长的一生经历了清末、民国、新中国时期，历任北京城警察总监、交通部总长、代理国务总理等。因为和梁启超同在人才内阁，年龄只差一岁，所以两人成了好朋友。

朱启钤曾经发现两本非常重要的古代著作，一本是流落日本的《髹饰录》，还有一本就是1920年在江南图书馆发现的《营造法式》。在朱启钤的资助下，1925年陶本《营造法式》得以出版，朱老送给梁启超一本。梁启超就把这本《营造法式》邮寄给了当时在大洋彼岸的梁思成和林徽因，从而为他们展现了一个人们还从未研究过的神秘领域——中国古建筑。

1925年，朱启钤出资，与藏书家陶湘、翰林孟锡钰在他的寓所宝珠子胡同7号成立了"营造学会"，开始研究建筑文献和中国传统建筑。1930年，"营造学会"更名为"中国营造学社"，朱启钤担任社长，发行《中国营造学社汇刊》。

1930年版《中国营造学社汇刊》

"营造"一词得名于《营造法式》,营造不局限于建筑,"凡彩绘、雕塑、染织、檾漆、铸冶、传值、一切考工之事"。朱启钤甚至想要把民俗民歌都包括其中,他的宏大构想是"于全部文化史之必须作一鸟瞰也"。

1931年梁思成加入营造学社后,发现学社对中国古建筑的研究仍然停留在文献研究上面,于是梁思成、林徽因和后来加入的刘敦桢一起开始了对中国古建筑的考察之路。

学社最初设在北平珠宝子胡同七号,后迁到天安门内西朝房,为了让营造学社有一个像样的场所,朱启钤购置了赵堂子胡同3号,并且重新设计施工,为这座宅院倾注了大量心血。这座建筑完全按照《营造法式》而建,请来为故宫施工的老工匠完成木工和彩绘,建成后前面为营造学社,后面为朱启钤的家。

北平沦陷后,梁思成、林徽因等人逃亡云南和四川,朱启钤留在了北平。赵堂子胡同3号被日本人强行购买。抗战胜利后,内战爆发,学社经费枯竭,朱启钤也家财散尽,靠变卖收藏维生,1946年营造学社宣告解散。

虽然中国营造学社只存在了短短15年,但学社成员却走遍了全国15个省、220余县,详细测绘了206组建筑群,涉及建筑共2738幢,留下测绘图稿1898张,出版《营造学社汇刊》七卷22期,专著30多种,对中国古建筑研究做出了极大贡献。

朱启钤为营造学社书写的对联

前人李诫

中国古建筑界的祖师爷

李诫,字明仲,北宋时出身于官吏家庭,曾任曹州济阴县尉、虢州知府,政绩显赫。自哲宗元祐七年(1092年)起,主管宫廷土木建筑工程的将作监,达13年之久;历任主簿、监丞、少监等,直至统领将作监,监掌北宋宫室、城郭、桥梁、舟车营造事宜;先后主持营建五王邸、尚书省、龙德宫、棣华宅、辟雍、朱雀门、景龙门、九城殿、开封府廨、太庙、钦慈太后佛寺等十余项重大工程。

李诫博学多才,精通书法和绘画,篆籀草隶,样样精通,工大篆,尤善于画马,他的书画深受宋徽宗的好评。他还是一位藏书家,藏书几万卷,其中他亲手抄成的就有几千卷。他还出版了很多书,有《续山海经》10卷、《琵琶录》3卷、《续同姓名录》2卷、《马经》3卷、《六博》3卷、《古篆说文》10卷等。从中可以看出,他对地理、历史、文字、音乐等方面都有广泛的兴趣和研究。可惜的是,他的著作均已失传,只有《营造法式》一书有幸留存到今天。

绍圣四年(1097年),李诫受命在《元祐法式》的基础上编修《营造法式》。三年后完成,徽宗崇宁二年(1103年)颁行,崇宁二年(1103年)刊行,南宋绍兴十五年(1145年)重刊。

《营造法式》共三十四卷,分释名、制度、功限、料例和图样等五部分,成为当时官方建筑的规范。其中第一、二两卷是对土木建筑名词术语的考证及定额的计算方法;第三至第十五卷是石作、大木作、小木作、雕作、瓦作、泥作、彩画作、砖作、窑作等十三个工种的制度,说明每一工种的选材、加工方法及各构件的相互关系和位置；第十六至第二十五卷规定了各工种的劳动定额；第二十六至第二十八卷规定了各工种的用料定额；第二十九至第三十四卷是图样。纵观全书，纲目清晰，条理井然，是一部建筑技术全面详尽的百科全书，对后世的建筑技术和建筑学具有深远影响。

当地的《郑州志》《郑县志》也没有他的传记，只有零星记载。《郑县志》中说，李诫完成《营造法式》10年后，于北宋大观四年（1110年）去世，享年76岁，葬于河南省新郑市龙湖镇梅山脚下的于寨村西。

宋代时李诫墓地土冢高大，其后人葬入墓区形成了墓群。后来土冢不断遭到人为和自然损坏，逐渐荒废。到1961年进行文物调查时，李诫墓冢仅存3米高，其他坟墓已夷为平地，变成了农田。

2003年，国家文物局、中国古建筑学会、中国文物学会在新郑市召开"《营造法式》颁行900周年座谈会暨李诫原墓整修奠基仪式"，同时对李诫墓进行封冢、树碑，并建了碑亭。

《营造法式》被发现以后，李诫被誉为中国古建筑界的祖师爷。

李诫像

搭档刘敦桢

1930 年，刘敦桢 33 岁，梁思成 29 岁

提起营造学社，人们首先想到的就是梁思成和林徽因，刘敦桢这个名字往往被人所忽略。

刘敦桢比梁思成大四岁，是著名建筑学家、建筑教育家、建筑史学家、科学院院士。和梁思成不同的是，刘敦桢留学日本，进入东京高等工业学校建筑系学习，1922 年学成归国，创办了我国第一所由中国人经营的华海建筑师事务所。1923 年，留日的柳士英邀请刘敦桢共同创办了苏州专业工科学校，开设了建筑学科。

在苏州和南京任教期间，刘敦桢考察了江南一带的古建筑和遗址，发表和翻译了一些关于建筑的文章，引起了朱启钤的注意。1931 年，朱启钤邀请他加入营造学社，就这样当时中国仅有的两所大学建筑系系主任都被朱启钤请到了营造学社。刘敦桢任文献部主任，梁思成任法式部主任，两人是营造学社的两根支柱。

1932 年，人们发现文渊阁樑柱下沉，刘敦桢和梁思成协作使得文渊阁得以修复，这也是他们的第一次合作。1938 年，梁思成的病情越来越重，刘敦桢就替梁思成担负起了测绘的重任。

1943 年抗战后期，刘敦桢离开营造学社回到中央大学，任建筑系系主任。1949 年后中央大学改为南京大学，后来院系调整时建筑系调整到南京工学院。刘敦桢一直没有离开讲台，在教学以外还编撰出版了不朽巨作《苏州古典园林》。1968 年刘敦桢去逝，终年 71 岁，比梁思成先生早四年去世。13 年后，《苏州古典园林》获得国家科技进步一等奖。

修复故宫文渊阁，是梁思成和刘敦桢的第一次合作

  刘敦桢的一生是卓越的、淡薄的、刻苦的，知道梁思成的人，都应该多了解刘敦桢。

  刘敦桢的儿子刘叙杰曾面对媒体时说："在北京，我们后来租住了一个五重院落的大宅院，维持了一个小家庭的中上层生活水平。但父亲的书房是孩子们的禁区，孩子们吃饭时有自己的小桌椅，睡觉也与大人分开。父亲不是外出考察就是在营造学社，除了在某些假日和家人一起去北海公园外，很少见到他。"

太太的客厅

第五部分

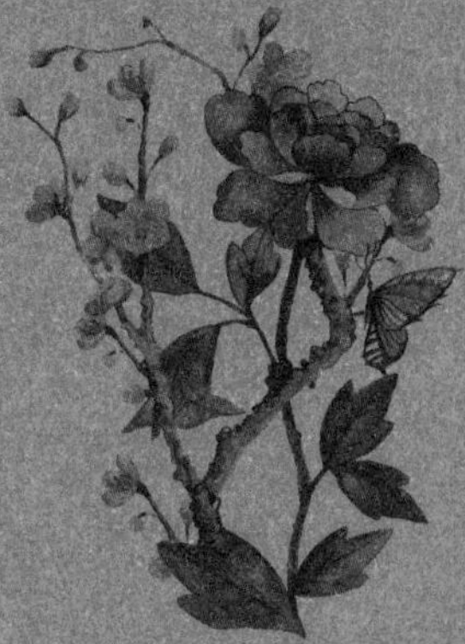

一对学者伉俪，一段激荡历史
几十年的峥嵘岁月里，一直
传说着她的美丽、才华、魅力和爱情
传说着他对一座座古城的眷恋和痴迷

太太的客厅

1931 年林徽因 27 岁

20 世纪 30 年代初,是中国近代史上难得的平静岁月,知识精英们常常会聚在一起,举办一个又一个"沙龙",林徽因和梁思成都喜欢交朋友,他们在北平住下以后,家里经常是高朋满座。在北平,最有名的沙龙当属林徽因的"太太的客厅"。在这里,知识精英们各抒己见,经常聊到黄昏,然后一起吃晚饭,为此林徽因还专门请来两个厨子。由于林徽因家位于北平北总布胡同三号,于是"太太的客厅"就成了北总布胡同三号的别名。

可谓谈笑有鸿儒、往来无白丁。这里不仅有年长的教授:清华国学研究院人类学和考古学家李济,中研院社会研究所所长陶孟和等;也有年轻的学者:经济学家陈岱孙,法学家钱端升,政治学家张奚若,逻辑学家金岳霖,物理学家周培源,还有胡适、沈从文、萧乾、叶公超、朱光潜、费正清夫妇等;还有年龄更小的学生:梁思成的妹妹梁思懿,大姐梁思顺的女儿周念慈等。梁思懿和周念慈当时都在燕大念书,经常会带一些女同学,怀着崇敬聆听这些大师们的讨论和演讲。

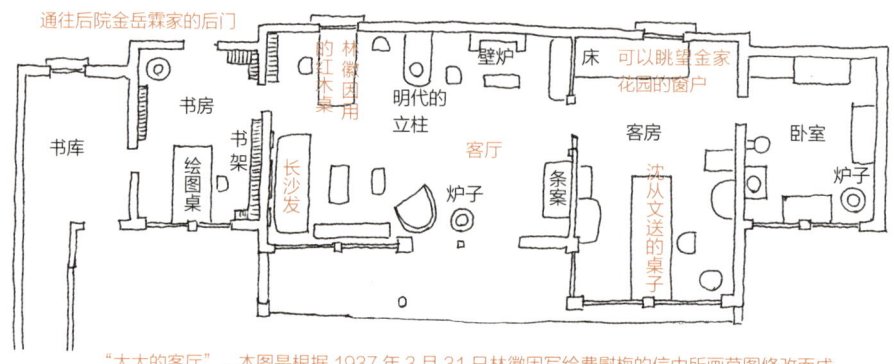

"太太的客厅"。本图是根据 1937 年 3 月 31 日林徽因写给费慰梅的信中所画草图修改而成。

挚友金岳霖

1932 年林徽因 28 岁

金岳霖比梁思成大六岁，比林徽因大九岁，比徐志摩大两岁。金岳霖从清华毕业后留学美国，在宾夕法尼亚大学读经济，之后又到哥伦比亚大学读政治学博士，在此期间结识了徐志摩、张奚若，后来又和徐志摩一起到英国留学，在伦敦大学政治经济学院听课。

金岳霖后来痴迷逻辑学和哲学，回国后在清华大学创办了国内第一个哲学系。

据说，1932 年梁思成外出考察古建筑，林徽因留在北平照顾女儿，待梁思成从河北宝坻回来，林徽因沮丧地告诉他："我苦恼极了，因为我同时爱上了两个人，不知道怎么办才好？"

梁思成非常震惊，经过一夜反复思考，他告诉林徽因："你是自由的，如果你选择了金岳霖，我祝你们永远幸福。"

而林徽因深深地被感动了，因此更加珍惜和思成的这份缘分，她对思成说："你给了我生命中不能承受之重，我将用我一生来偿还！"

金岳霖知道此事后，也被梁思成的大度所打动，说："看来思成是真正爱你的，我不能伤害一个真正爱你的人，我应当退出。"于是三个人谁都没有再提此事，却成为一生不变的好朋友。

金岳霖的英语非常好，梁思成的美国朋友费正清称赞他"几乎达到了炉火纯青的地步"，据说，林徽因看的英文书都由金岳霖保存和提供。金岳霖终身未娶，晚年跟着梁家儿女生活，他们都称呼他为"金爸"。

知己徐志摩

"太太的客厅"里一直少不了一位林徽因的老朋友,那就是诗人徐志摩。

徐志摩是浙江海宁人,父亲是当地富商。因他是长子,父亲非常器重他。1918年,徐志摩按照父亲的意愿赴美学习银行学,可是徐志摩喜欢的却是文学,最终没能成为银行家,而是成为了一位诗人。

徐志摩对父亲安排的婚姻本能地反抗,他一点也不喜欢父母帮他选定的妻子。在伦敦,徐志摩遇上林徽因的时候,就疯狂地爱上了她。胡适曾说,徐志摩用一生追求爱、自由与美。

当正处在孕期的张幼仪千里迢迢到英国去寻找丈夫徐志摩时,他却要和她离婚,传统顺从的张幼仪最终同意了。这场离婚案是中国第一桩按照《民法》执行的西式离婚案。

但张幼仪也不是个一般的女人。在二哥张君劢的支持下,她去了德国读书,回国后在东吴大学教德语,后来又出任上海女子商业银行副总裁、云裳服装公司总经理。

林徽因和梁思成结婚后,徐志摩在北京和陆小曼相遇。陆小曼也是一代才女,家庭殷实富有,精通英文和法文,擅长书画,文章也写得不错,发表过诗歌、散文、小说、戏剧、译作,曾与徐志摩合作完成话剧《卞昆冈》。

和徐志摩相遇时,陆小曼已经和军官王庚结婚,但他们的婚姻并不幸福。为了徐志摩,陆小曼和王庚离婚,1926年与徐志摩结婚,婚后两人回到了海宁,后来定居上海。

对于徐志摩的婚恋状况,其父非常气愤,立刻中断了对他的经济支助。

第五部分　太太的客厅　113

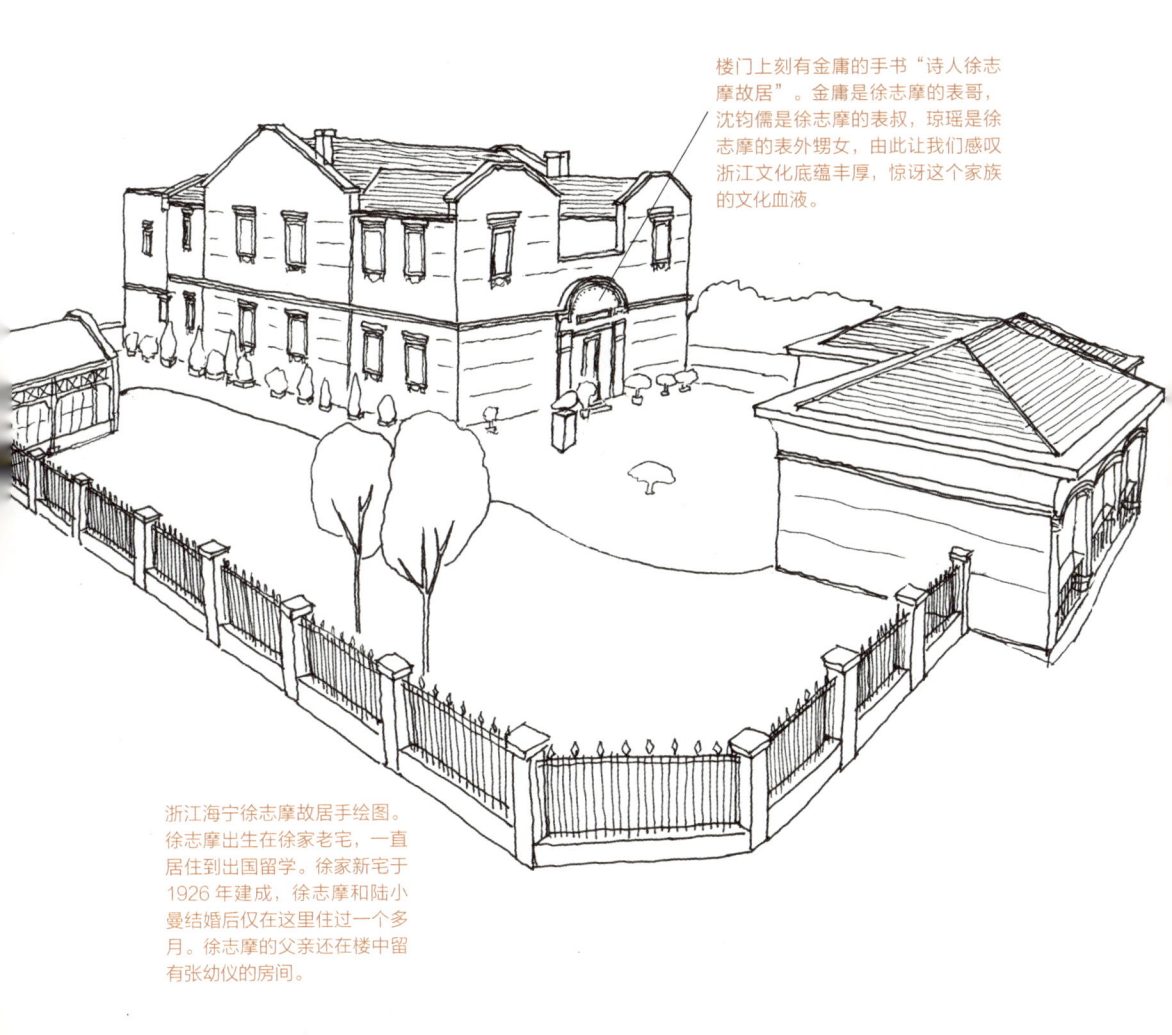

楼门上刻有金庸的手书"诗人徐志摩故居"。金庸是徐志摩的表哥，沈钧儒是徐志摩的表叔，琼瑶是徐志摩的表外甥女，由此让我们感叹浙江文化底蕴丰厚，惊讶这个家族的文化血液。

浙江海宁徐志摩故居手绘图。徐志摩出生在徐家老宅，一直居住到出国留学。徐家新宅于1926年建成，徐志摩和陆小曼结婚后仅在这里住过一个多月。徐志摩的父亲还在楼中留有张幼仪的房间。

1926年七夕徐志摩和陆小曼在北京北海公园结婚

1931年《民国日报》对徐志摩遇难的报道

巨额的家庭花销使得徐志摩入不敷出。为了贴补家用,他同时在几所大学讲课,并应好友胡适的邀请,到北京大学兼课,整日往返于上海、南京、北平之间。

1931年11月11日,徐志摩离开北平,搭乘张学良的专机抵南京,然后回上海。他一到家就和陆小曼大吵了一架,几天后徐志摩回南京,准备乘张学良的专机回北平,可是张学良的飞机不在南京。徐志摩为了赶上11月19日晚林徽因在北平协和礼堂为驻华使节所做《中国建筑艺术》的演讲,19日当天用一张朋友送的免费机票搭乘中国航空公司的邮政班机"济南号"飞往北京。

中午12点,飞机飞至济南附近时遇到大雾,不幸在党家庄触北大山爆炸,机上三人无一生还,当时徐志摩年仅 36 岁。

19 日，梁思成开车去南苑机场没接到徐志摩。20 日一早，胡适和林徽因都看到了《晨报》刊登的消息。"京平北上机肇祸，昨在济南坠落！"胡适赶紧往南京打电话，确认出事的飞机正是徐志摩乘坐的"济南号"。下午，北京《晨报》发号外"诗人徐志摩惨祸"，证实徐志摩已经遇难。

20 日，徐志摩的遗体停放在济南近郊福缘庵。22 日，梁思成、金岳霖、张奚若赶到济南，会同从青岛赶来的沈从文、闻一多、梁实秋等人前往福缘庵处理后事。下午，徐志摩的长子和张幼仪的哥哥赶到济南。徐志摩的灵柩被装上了一辆敞篷车，护送回沪。梁思成拣回一小块飞机残片，带给林徽因作为永远的纪念。

12 月 6 日，北平文化界在北京大学二院大讲堂为徐志摩举行追悼会，会场由林徽因、梁思成、余上沅等人布置，庄严肃穆而又诗意典雅。参加的人有胡适、周作人、陈衡哲、凌叔华……多达 250 多人。第二天，林徽因在《晨报》副刊"哀悼志摩专号"上发表长文《悼志摩》。

徐志摩的遗体运回上海后，在上海的万国殡仪馆装殓，在静安寺设灵堂祭奠，安葬在他的故乡浙江海宁西山。

徐志摩遇难后的唯一遗物是陆小曼画的一幅山水长卷精品，因画放在铁盒中才得以幸存。此画的题跋出自胡适等诸多名人手笔，徐志摩准备把这幅画带到北京继续请人提拔。自此，陆小曼一直珍藏着这幅画，直至 1965 年在上海去世。

好友沈从文

1932 年结识梁林二人

沈从文出生在湘西凤凰县，15 岁就当了兵。1922 年，20 岁的乡下人沈从文带着 7 块 6 毛钱来到北京，在北京大学当旁听生。因沈从文爱好写作，后来在郁达夫的推荐下，他的作品被徐志摩赏识，开始在《晨报副刊》上连续发表。

1927 年，沈从文离开北京，去了上海，经徐志摩介绍，被胡适聘为中国公学的教师。1929 年 6 月，徐志摩从上海来到北平。他看望了沈从文，又冒雨去西山探望生病的林徽因。就在这个夏天，以徐志摩为桥，沈从文和林徽因、梁思成夫妇相识了，但当时他们的交往并不算深。

1932 年，沈从文回到北平，后来去天津主编《大公报》文艺副刊。不久，沈从文开始走进林徽因的"太太的客厅"，成了座上宾。在当时的小说家中，林徽因特别赏识沈从文，见沈从文生活窘迫，他便让弟弟林暄去向沈从文借书，还书时悄悄夹进一些票子。

1933 年，沈从文与张兆和在北平结婚，梁思成和林徽因参加了他们在中央公园水榭的婚礼。婚后两人住在西城的达子营，新房里没什么像样的东西，梁思成、林徽因夫妇便送给他一对锦缎百子图床单。

沈从文结婚后不久就开始担任《大公报》文艺副刊主编，于是经常约林徽因写稿。也是在这几年里，林徽因的文章一点一点地走向了成熟。

沈从文于 1938 年 11 月到西南联大任教，1946 年回到北京大学任教，建国后在中国历史博物馆和中国社会科学院历史研究所工作，主要从事中国古代历史与文物的研究，著有《中国古代服饰研究》。1988 年病逝于北京，享年 86 岁。

青年萧乾

萧乾是蒙古族，他的父亲是守卫东直门的兵勇，萧乾就出生在东直门附近的西羊管胡同。萧乾在崇实中学毕业后，考上了辅仁大学，在老师杨振声家里第一次见到了从天津来的沈从文。

后来萧乾转到燕京大学新闻专业，得到美国著名记者埃德加·斯诺的赏识，从此做一名优秀的记者成为萧乾的理想。

1933年，萧乾写下了处女作小说《蚕》，寄给了沈从文。沈从文将其发表在天津《大公报》文艺副刊上。林徽因对这篇小说很欣赏，还让沈从文邀请萧乾到"太太的客厅"里喝茶。

1939年，萧乾收到了一份来自遥远的英国的邀请。伦敦大学东方学院请他去当中文系讲师，但由于待遇并不是太好，所以其路费暂由《大公报》垫付，等萧乾到英国以后，在《大公报》上发表系列通讯，用稿费来抵消路费。这一去就是七年。

1945年二战末期，萧乾以《大公报》驻英记者的名义，得到了去前线采访的机会，由此而成为二战欧洲战场上唯一的中国记者，他的报道也为《大公报》带来巨大声誉。

1946年萧乾回国后继续在天津《大公报》工作。当时林徽因还在病中，并忙于国徽设计工作，但得知萧乾回国，便写信要他来北平好好叙叙旧。

1949年后，萧乾任《人民中国》英文版副主编，事业和仕途都风生水起。

故友常书鸿

常书鸿是满族旗人,和林徽因同岁,也出生在杭州。他自幼喜欢美术,1927年自费赴法国学油画,后来以第一名的成绩考入巴黎高等美术学院。

1935年,常书鸿在塞纳河畔的旧书摊上看到了一套伯希和的《敦煌石窟图录》,价格不菲,书摊主人告诉他不远的吉美博物馆里就有敦煌的实物。他走进吉美博物馆,顿时被精美灿烂的敦煌艺术所震撼,可是他作为一个中国人,都不知道敦煌在什么地方,便决定回国去寻找他梦中的敦煌。

1936年常书鸿回到北京,任国立北平艺专教授。在一次聚会上,他遇见了梁思成,两人一见如故,谈到敦煌都兴奋不已。不久之后抗战爆发了,两人都离开了北京。

1942年秋于右任提出建立敦煌研究所,梁思成知道后赶紧把消息告诉常书鸿。到敦煌去,这是常书鸿多年的愿望,他决定扛起这个重担。梁思成力荐常书鸿担任所长,从此常书鸿把自己的一生都献给了敦煌。

1943年常书鸿在战火中离开重庆,梁思成送了他四个字:"破釜沉舟!"常书鸿没有把研究所设在兰州,也没在敦煌城停留,而是直奔沙漠中荒无人烟的莫高窟。研究所经常收不到经费,常书鸿便给梁思成发电报,请他去帮助交涉。原来竟是因为重庆财政部不知敦煌在什么地方,所以无法汇款,经过梁思成的奔走,经费才得以汇出。

常书鸿晚年回到北京养病。1994年6月,九十高龄的常书鸿在北京病逝。后人按照他的遗愿,将他的骨灰埋在了莫高窟对面。生前,他是敦煌的守护神;生后,他也永远守护着莫高窟。

美学家朱光潜

在北平，除了北总布胡同三号"太太的客厅"，民国文人们还有一个重要的聚会场所，那就是慈慧殿三号朱光潜家。

朱光潜是安徽桐城人，大学毕业后在浙江上虞春晖中学教英文，和夏丏尊、朱自清、丰子恺是同事兼好友。后来朱光潜留学英法，八年后回国。

1933年，北大文学院院长胡适邀请朱光潜到北大西语系任教授。当年的北大在景山附近，朱光潜和同在北大任教的好友梁宗岱一起住在景山后的慈慧殿三号。这是一个大宅门，带跨院，院子很大，杂草丛生，与"太太的客厅"的优雅别致形成了鲜明对比。

朱光潜在这里安顿下来以后，就开始着手组织"读诗会"，每月聚会一两次。参加人员中，北大的有：周作人、叶公超、废名、卞之琳、何其芳、冯至等；清华的有：朱自清、俞平伯、李健吾、林庚、曹葆华等；此外还有冰心、凌淑华、林徽因、萧乾、沈从文、张兆和，以及当时在京的两位英国诗人。

在"读诗会"上，他们有时会用各地方言来读诗，朱光潜用安徽腔、周作人用绍兴话、俞平伯用浙江土腔、林徽因用福建土腔，常常是笑声一片。不过，"读诗会"上也经常因为观点不同而引发热烈讨论。

1937年，胡适创办《文学杂志》月刊，朱光潜任主编，邀请林徽因担任《文学杂志》编委，林徽因也在刊物上发表了一些自己的文章。

后来朱光潜翻译和撰写了大量美学著作，写成中国第一部美学史，成为中国首屈一指的美学大师。

好友费氏夫妇

费正清，1907年生于美国，在哈佛大学主修历史，后来去英国留学，从事中国学研究。1932年，费正清获得罗德奖学金资助来到中国。费慰梅，哈佛艺术系毕业，和费正清是哈佛校友也是恋人。费慰梅特别喜欢中国艺术，立志研究中国艺术史，因此为了心爱的人，也为了他们喜欢的中国，踏上了前往中国的漫长旅程。

一次，费正清夫妇去看画展，遇到了林徽因夫妇。他们惊叹梁林夫妇的英语水平和文化素养，一见如故，从此两家人经常来往，成为终生好友。

费正清夫妇二人的中文名字其实就是梁林夫妇取的。后来，梁林夫妇还将他们介绍给瞿孟生教授，使他们也成了营造学社的社员。1935费正清夫妇回到了美国，但与梁思成夫妇却保持了十几年的通信，直到1949年前夕中美通信中断为止。抗战期间，费氏夫妇不断设法从美国向颠沛流离、疾病缠身的梁林夫妇寄来支票、物品、药品、书籍、杂志等。抗战胜利前夕，他们专门来到重庆，去看望梁林夫妇。

费正清夫妇一生都珍藏着各种有关梁林的宝贵资料。在70年代中美关系解冻后，费慰梅几度来到中国，遍访旧友，历时十年完成了《梁思成和林徽因》一书。费慰梅还实现了梁林生前未了的心愿——出版了英文版《中国建筑史图录》。

1990年，陈占祥应邀去哈佛大学演讲时曾与费正清夫妇小聚。他们谈及梁思成夫妇的早逝，费正清动情地说："失去梁思成林徽因夫妇，对于我们来说，就好像失去了大半个中国。"

法学家钱端升

钱端升是中国著名的法学家，1900年生于上海，19岁留美，24岁获哈佛大学哲学博士学位，回国后在北大、清华讲授政治学、宪法学。

1930年，钱端升回清华任教并在北大兼课，很快就成为了"太太的客厅"里的客人。据金岳霖说，钱端升的夫人陈公蕙是林徽因的亲戚，是热心的林徽因为他们做的媒。两人快结婚的时候，还闹了矛盾，陈公蕙一气之下跑到天津去了。钱端升只好请梁思成开车一起追，于是梁思成、林徽因、钱端升和金岳霖一起去了天津，找到了陈公蕙。在梁林的劝说下，两个人终于和好了，并一同去上海结了婚。梁思成、林徽因、金岳霖三人回北平时还去参观了蓟县独乐寺。林徽因离世多年以后，钱端升一直没忘记这段往事。

抗战爆发后，钱端升任教西南联大法学院。联大迁昆明，钱端升夫妇与林徽因、梁思成在郊区龙泉村都盖了简易的房子居住，距离很近，经常在一起吃饭。陈公蕙说："林徽因性格极为好强，什么都要争第一。她用煤油箱做成书架，用废物制成窗帘，破屋也要摆设得比别人好。其实我早就佩服她了。"

1937年至1949年，钱端升四次应邀赴美国参加学术会议和讲学。1947年底，他任哈佛大学客座教授，应邀完成英文版《中国政府与政治》，这本书马上成为哈佛政治学系的教科书。1948年，他拒绝哈佛的聘任，返回北京大学。

新中国成立，钱端升任北大法学院院长，院系调整后出任北京政法学院院长。1954年，被聘为宪法起草委员会顾问，参与第一部宪法的起草。1990年1月21日，钱端升教授病逝。

好友周培源

经常出入梁家客厅的周培源,绝对是一个科学天才。

和梁林夫妇一样,周培源也是从清华毕业后去美国留学的,从芝加哥大学数理系毕业后,进入美国加州理工学院攻读研究生,1928年秋在德国莱比锡大学海森堡教授的带领下从事量子力学研究。海森堡是量子力学的主要创始人,"哥本哈根学派"的代表人物,诺贝尔奖获得者,是当时仅次于爱因斯坦的物理学家。1929年,周培源又就读于瑞士苏黎世高等工业学校,师从后来也获得诺贝尔物理学奖的泡利教授,从事量子力学研究。

周培源回国后被聘为清华大学教授,并先后在西南联大、北大任教。后来的诺贝尔奖得主杨振宁、力学之父钱伟长都是他在西南联大任教时期培养的学生。周培源在教育和科学研究中一贯重视基础理论,同时关怀和支持新技术的研究,在组织领导中国的学术界活动、推进国内外交流合作方面做出了重要贡献。

1930年,周培源到女师大学生刘孝锦家作客,看到了女师大校花王蒂澂的照片,对她一见钟情。周、王两人相识两年后,于1932年6月18日在北平的欧美同学会上举行了婚礼,清华校长梅贻琦亲自为他俩主持婚礼。

当年在清华,周培源和梁思成家离得不远,来往频繁,朋友们常开玩笑说,要效仿当年梁启超和林长民,为梁家公子向周家女儿说亲。没想到后来梁家公子梁从诫和周家大女儿周如枚真的喜结良缘,并育有一子。

1949年后,周培源历任北京大学校长、中国科协主席、世界科协副主席、欧美同学会名誉会长、九三学社主席、全政协副主席等。

第五部分　太太的客厅　123

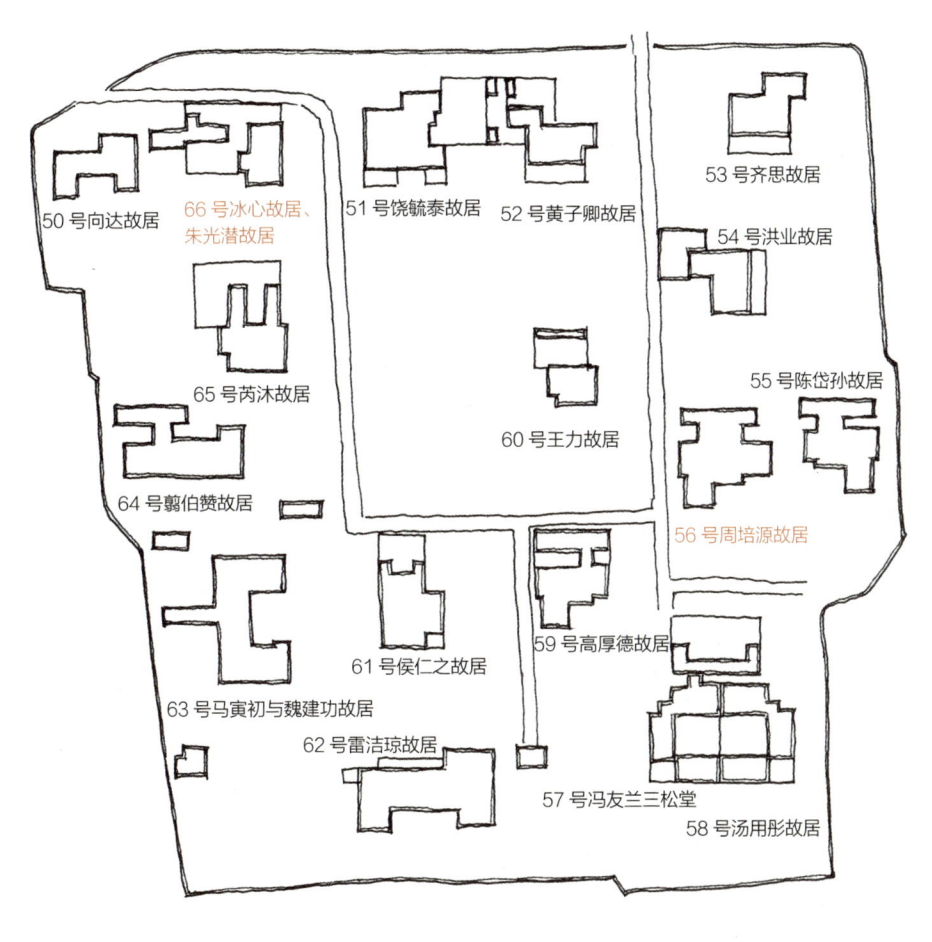

50号向达故居
66号冰心故居、朱光潜故居
51号饶毓泰故居
52号黄子卿故居
53号齐思故居
54号洪业故居
65号芮沐故居
60号王力故居
55号陈岱孙故居
64号翦伯赞故居
56号周培源故居
63号马寅初与魏建功故居
61号侯仁之故居
59号高厚德故居
62号雷洁琼故居
57号冯友兰三松堂
58号汤用彤故居

燕南园手绘图

学者张奚若

张奚若在海外留学12年，和金岳霖、徐志摩、傅斯年等人都是好朋友。1925年张奚若回国，1929年到清华担任教授，和金岳霖、钱端升、周培源等清华同事成为"太太的客厅"的常客。

张奚若是陕西人，性格特别倔强。徐志摩出任《晨报副刊》主编时，请他写一篇文章捧场，可是他却写了一篇《副刊殃》，说当今思想界堕落，现在不是要拯救副刊，而是要把副刊都烧掉。徐志摩知道老朋友的脾气，也无可奈何，便在《副刊殃》的文章后面加了一个长长的附注，其中一句是"奚若这位先生，如其一个人可以用一个字来形容，是个'硬'人"。

1949年1月，解放解放军包围了北平城。张奚若带头与张岱年、费孝通、钱伟长、李广田等37位教授联名发表了《对时局的宣言》，希望和平解放北平，免得生灵涂炭，古都沦为废墟。一天，张奚若带着两位身穿灰色棉军装的军人来到清华大学梁思成的家中。这两位军人是来请教专家，如果攻击北平的话，哪些古建筑应避免炮火的轰击，他们请梁思成、林徽因在一张地图上做出标记。

中国同盟会在日本成立，张奚若是同盟会元老之一

房主叶公超

北平北总部胡同三号真正的房主

说起来，北总部胡同三号并不是梁思成、林徽因的房子，他们只是房客，真正的房主是民国外交家叶公超。

叶公超，1904年出生于江西九江，其父叶道绳曾任九江知府。可惜叶公超早年丧父丧母，自幼在叔父叶恭绰家长大。

叶恭绰是北洋的交通总长，原交通总长朱启钤的继任者，广州政府的财政部部长，南京政府的铁道部部长。

叶恭绰还是大书画家、大收藏家，著名的毛公鼎就是他的收藏。抗日期间，为了毛公鼎，日本人把叶公超关进了大牢，叶恭绰只好制作了一个假鼎，救出侄子。抗战后叶恭绰把毛公鼎捐献给了民国政府，后来成为台北故宫博物馆的镇馆之宝。

叶公超的叔父叶恭绰

1920年叶公超赴美国留学，后复转赴英国，获剑桥大学文学硕士学位，后到法国就读巴黎大学研究院，1926年归国。

1927年春，叶公超来到上海参与创办新月书店。1928年，新月社创办《新月》月刊，叶公超和徐志摩、凌叔华、林徽因、梁实秋都在《新月》上发表过文章。1929年，叶公超回到北京。

1930年至1937年，梁思成、林徽因夫妇一直租住在位于北总布胡同三号的叶公超的房子里。1931年，梁思成回北平加入中国营造学社，任法式部主任，从此开始对中国古代建筑进行系统的调查研究。叶公超时任清华大学外国文学系教授，1935年复任北京大学英文系讲师。

这期间，叶公超不仅把北总部胡同的房子租给了梁思成夫妇和金岳霖，而且还时常光顾"太太的客厅"。

1933年，朱光潜回国在慈慧殿三号的家中创办了读诗会，每个月集会一次，叶公超和林徽因等京派文人也都来参加。不久，林徽因与闻一多、余上沅、杨振声、叶公超等京派作家们，筹备并创办了《学文》月刊，由叶公超任主编。叶公超还邀请林徽因为《学文》月刊设计了漂亮的封面。

直到抗日战争爆发后，叶公超把北总部胡同的房子卖掉，随校南迁。1938年，叶公超担任西南联合大学外国文学系主任。1941年后，叶公超转身投入到外交中，开始活跃于中国政坛，成为一名外交家。

1981年11月20日，叶公超病逝于台北，终年77岁。他晚年寄情于书画创作，著有《介绍中国》《中国古代文化生活》《英国文学中之社会原动力》《叶公超散文集》等。

叶公超的书法作品

寻遍中国古建筑

第六部分

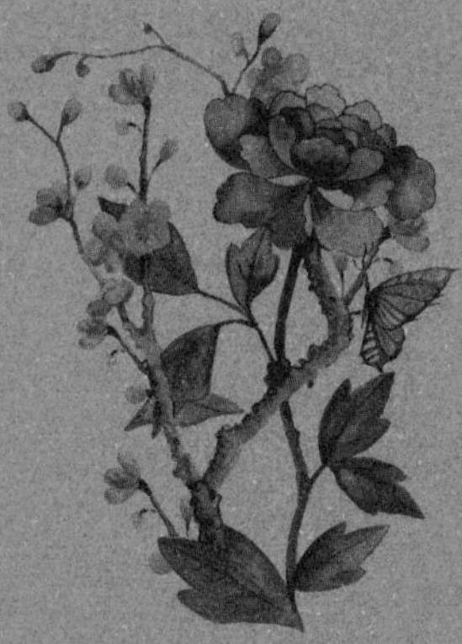

一对学者伉俪，一段激荡历史

几十年的峥嵘岁月里，一直

传说着她的美丽、才华、魅力和爱情

传说着他对一座座古城的眷恋和痴迷

走出北京

1932年，梁思成31岁，林徽因28岁

法海寺山门上塔

营造学社成立初期仍然沿寻传统，停留在文献研究上。梁思成加盟后，营造学社开始使用现代技术对古建筑进行实地测绘，这是梁思成对营造学社最大的贡献。

早在林徽因在香山养病期间，他们就开始对周边古建筑进行简单的调查，先后调查了西山附近的卧佛寺、香山之南的法海寺和杏子口佛龛。后来他们合作完成了《平郊建筑杂录》，发表在《中国营造学社汇刊》上。这篇文章后来被当作调查报告的典范，收录于大学语文教材。之后他们又完成了考察城外天宁寺塔建筑年代的《平郊建筑杂录续》。

林徽因在《平郊建筑杂录》的开篇，就提出在"诗意""画意"之外还有一种"建筑意"，把建筑艺术上升到了和诗歌、绘画同等的地位。中国古代建筑就是用牌楼、游廊、正殿、配殿……起承转合，来营造出一种空间艺术。

不过，中国的建筑以木材为主要原料，木材极易焚毁和腐朽。中国王朝更迭，战乱不断，因此古代建筑很难保存下来。北京附近的古建筑多数都是明清的存留。

梁思成要走出北平，开始自己的调查。当时流传的一首儿歌"沧州狮子，应州塔；正定菩萨，赵州桥"，就成了梁思成调查的线索，他首选的目标就是正定。

  他查阅了大量的文献资料，同时向清华大学土木系主任、他的同学施嘉炀，借来了测绘仪器。可就在中国建筑史上第一次科学调查即将出发时，他却突然改变了计划。

  他的学长杨廷宝去北京鼓楼看展览时，偶然看到一张蓟县独乐寺的照片，便告诉了梁思成，于是他立即驱车前往鼓楼，见到那幅照片时当即决定改变计划，前往蓟县独乐寺。

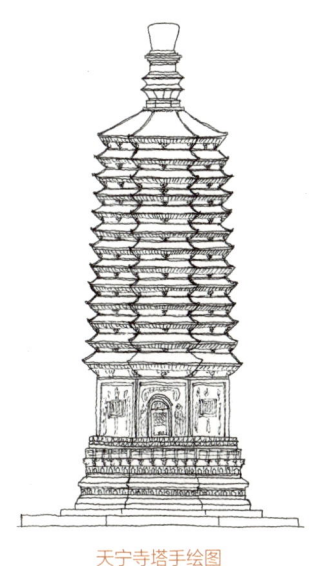

天宁寺塔手绘图

  "九一八"事变之后，华北已经处于在战争边缘，所以梁思成是在和时间赛跑。就在战争爆发前的短短几年之内，梁思成、林徽因和营造学社的成员们克服种种难以想象的困难，一点一点地完成了那些重要古建筑的鉴别、测绘工作。

蓟县独乐寺

1932 年梁思成 31 岁

独乐寺始建于唐贞观十年（636 年），于辽统和二年（984 年）重建，是中国仅存的三大辽代寺院之一。独乐寺现存山门和观音阁两座古建筑，观音阁中有一尊高达 16 米的观音像，是我国现存最高的彩色泥塑站像。

"九一八"事变以后，日军占领东北，1932 年伪满洲国成立，兵临平津。梁思成担心独乐寺会在战火中毁于一旦，准备抢在战争前把这座千年古刹测绘下来，于是带着学社社员邵力工和弟弟梁思达，从清华大学借来测量仪器就出发了。当时，林徽因有孕在身未能同行。

回到北京后，梁思成依据调查测绘的资料，在林徽因的帮助下，完成了《蓟县独乐寺观音阁山门考》，发表于《中国营造学社汇刊》3 卷 2 期"独乐寺专号"，这是中国第一篇科学调查古建筑的报告。

1961 年，独乐寺成为全国首批重点文物保护单位。1964 年梁思成和林徽因再次来到独乐寺，组织清华大学建筑系的 15 名学生进行测绘，测绘结束后向上级部门申请重修独乐寺，可是当时国内形势已是"山雨欲来风满楼"。梁思成感到重修独乐寺希望渺茫，于是他和莫宗江冒着风险第三次来到蓟县，向当地部门建议，为观音阁尽快安上避雷针，安装好门窗。在梁思成的建议下，文化部拨款 9000 元，完成了修缮工作。

1976 年唐山大地震，震中距离独乐寺只有 50 公里，蓟县被夷为平地，独乐寺院内后建的警卫室和木材库都倒塌了，而观音阁岿然不动。

1998 年，独乐寺完成了千年历史中一次最大规模的修缮，梁思成的愿望终于得以实现。

独乐寺

梁思成在《中国营造学社汇刊》"独乐寺专号"上发表《蓟县独乐寺观音阁山门考》

宝坻广济寺

1932 年梁思成 31 岁

梁思成在测量蓟县独乐寺时，当地一位教员王慕如告诉他，他的家乡宝坻县（现天津市宝坻区）有一个西大寺，建筑结构和独乐寺很像。于是同年6月，梁思成便与东北大学学生王先泽和一名工人去了宝坻。

宝坻西大寺又叫广济寺，天王门、钟鼓楼和东西配殿等都是明清后的建筑。正中的三大士殿是一个巨大的庑殿，广五间，深四间，斗拱雄大，出檐深远，脊端有硕大的正门，与蓟县独乐寺山门略同但更大些。

殿内碑记显示大殿建于辽圣宗太平五年（1025年）。大殿经受了一千多年的风风雨雨依然完好，且没有重修的痕迹，完全是辽代原件原构，是世上少有的建筑珍品。梁思成曾说："在发现蓟县独乐寺几个月后，又得见一个辽构，实是一个奢侈的幸福。"

广济寺三大士殿的架梁采用的是《营造法式》中"彻上露明造"的做法。辽代以后的建筑斗拱越来越小，斗拱的作用也越来越弱，到了明清，斗拱已经没有结构上的意义，而变成了纯粹的装饰。但是在这里，斗拱与梁架完美地交织为一体。

在艰难的条件下，他们拍照、测绘，走访政府人士和百姓，进行社会调查，找寻相关资料，顺利完成各项任务，写出《宝坻县广济寺三大士殿》一文，得出四项学术结论。在《梁思成全集》中，《宝坻县广济寺三大士殿》一文置于《蓟县独乐寺观音阁山门考》之后，位于第二位。

1949年之前，三大士殿被拆。2007年广济寺重建完工，按照当年梁思成测绘的图纸复建了三大士殿，新的广济寺重现世间。

第六部分 寻遍中国古建筑 135

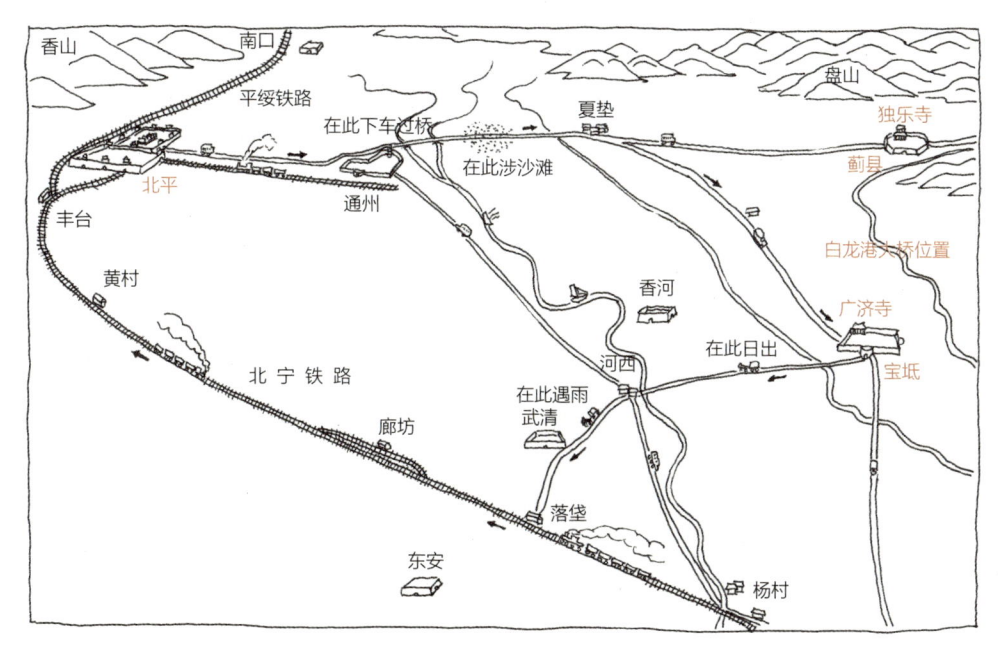

临梁思成宝坻行程图

古城正定

1933年梁思成32岁

俗话说："正定菩萨，赵州桥。"

1933年4月，梁思成与莫宗江同去正定调查，发现多处宋辽元时的建筑。后来因为局势变化，他们提前返回北平。

横跨正定南北大街的阳和楼，略似故宫的端门，梁思成曾赞美"庄严尤过于罗马君士坦丁的凯旋门"。阳和楼建于元初，被认为是元曲的摇篮。依楼而建的关帝庙也是元代遗构。

正定城内有四座塔，都始建于唐代。梁思成从"形制"上分析，认为这四座塔各有特色：砖塔年代最古，青塔形态最美，华塔为海内孤例，木塔的砖木混构结构很特别。

开元寺钟楼始建于唐朝，虽然经过多次重修，但是仍然存有唐代建筑的样貌。钟楼与钟融为一体，偌大一口铜钟悬挂在一座木结构的钟楼上，千年不坠，可谓奇观。

县文庙大成殿是梁思成第一次来正定时最意外的发现。那是在正定县考察的最后一个下午，梁思成想起还有文庙没去，就去碰碰运气。当时的县文庙是正定女子师范学校，当他进入学校，发现这里是唐末五代遗物，便告诉校长，这大成殿很可能是正定全城最古老的一座建筑，请他尽力保护好。半年后，梁思成带着林徽因和莫宗江再次前往正定继续调查。1952年，梁思成又带着学生第三次来到正定考察、测绘古建筑。

今天，梁思成先生考察过的这些建筑都基本得到了修缮或者重建。正定的九处古建筑先后成为全国重点文物保护单位，位列全国县城之首。

1991年，著名古建筑专家罗哲文到正定进行考察，确定县文庙内的大成殿始建于五代时期，是全国历史最悠久的大成殿。它能够保留下来，得益于梁思成当年意外的发现。

1994年，正定县城被命名为"国家历史文化名城"。

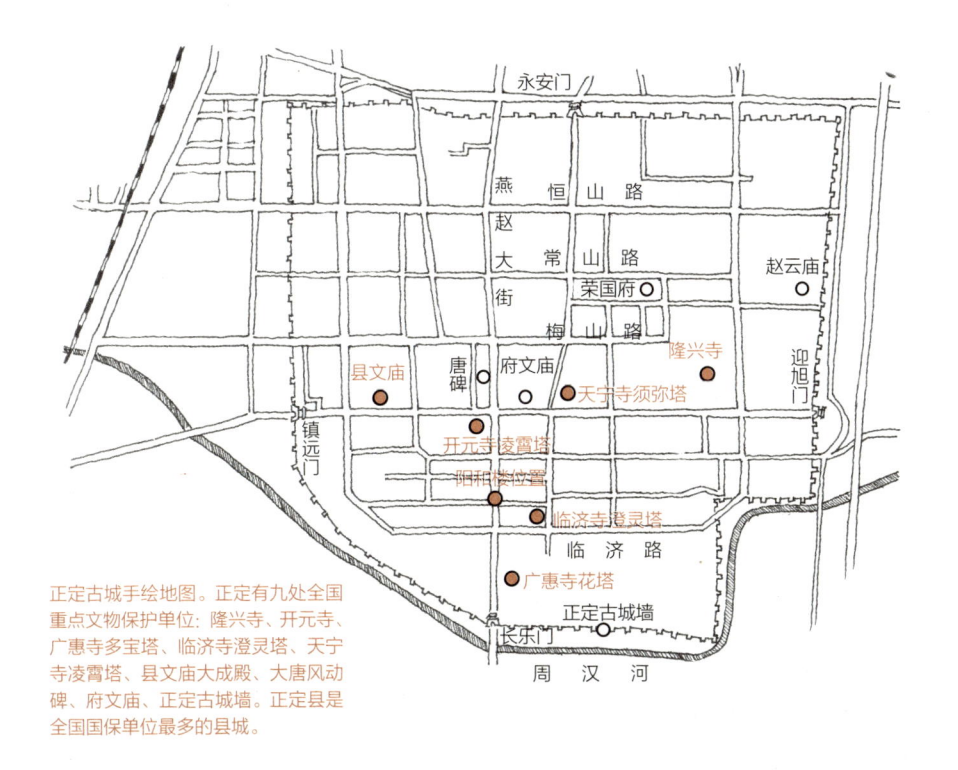

正定古城手绘地图。正定有九处全国重点文物保护单位：隆兴寺、开元寺、广惠寺多宝塔、临济寺澄灵塔、天宁寺凌霄塔、县文庙大成殿、大唐风动碑、府文庙、正定古城墙。正定县是全国国保单位最多的县城。

大同之行

1933年,梁思成32岁,林徽因29岁

1932年梁林夫妇的儿子梁从诫出生了,一年后林徽因身体基本恢复,便跟着梁思成一起到野外考察。1933年9月4日,梁思成同林徽因、刘敦桢、莫宗江从北京西直门火车站出发,经京张铁路,过张家口,他们的目的地是山西大同。

大同是北魏都城,古称平城,是南北朝时的佛教艺术中心,是辽金两代的陪都。营造学社的同仁们到达大同后,马不停蹄地开始了工作。这次调查的重点是华严寺和善化寺。这两座寺院是辽代巨刹,院内保留了众多辽金时期的建筑。

华严寺,其名取自《华严经》,始建于辽重熙七年(1038年),是佛教华严宗的重要寺院,和义县奉国寺、蓟县独乐寺并称为"中国三大辽代寺院"。华严寺建在四米高的高台之上,在大同城内远远就可以看到,气势雄伟非凡。

华严寺分上寺和下寺,各有山门。

上寺的大雄宝殿是现存辽金时期规模最大的木构建筑,殿内有优美的辽代塑像和精美的壁画。

下寺大殿为薄伽教藏殿,建于辽重熙七年(1038年),是华严寺的经藏殿,相当于一座佛经图书馆。殿内中央佛坛上,三尊大佛端坐于莲花座上,殿内侧沿墙壁排列重楼式壁藏,至后窗处作天宫楼阁,两侧以拱桥相连。这个天宫楼阁可以说是当时木质建筑的一个精美准确的辽代建筑模型。整座壁藏则是中国现存最古的书橱,也是国内孤品。薄伽教殿内还完整地保存着31尊辽代塑像,最为经典的是合掌露齿菩萨。海会殿位于薄迦教藏西面,广五间,

善化寺

华严寺

深四间，可惜后来被拆除了。

　　古善化寺是一个保存比较完好的辽金建筑群。中国古代留下的辽金建筑有不少，不过多数都是单体建筑，善化寺却非常完整地保留了一座辽金寺院，可以说在中国是绝无仅有的。大雄宝殿和普贤阁建于辽代，三圣殿、山门殿和东西配殿建于金代，寺院中保留了大量的雕塑壁画，是辽金时期的一座佛教宝库。

　　梁思成一行共考察了大同善化寺、华严寺及城内钟楼、东南西三城楼，不久后整理成《大同古建筑调查报告》，发表于《中国营造学社汇刊》。

云冈石窟

1933年，梁思成32岁，林徽因29岁

北魏兴安二年（453年），著名和尚昙曜主持在大同西郊武周山开凿"昙曜五窟"。石窟大部分完成于北魏迁都洛阳以前。北魏迁都以后，在洛阳开凿了龙门石窟。

郦道元在《水经注》中描写云冈"山堂水殿，烟寺相望，林渊锦镜，缀目新眺"。也许是因为云冈石窟上没有留下文字，所以在偏重碑拓文字的中国金石学界没有引起重视，几乎被淹没了一千多年。

近代最早著文介绍云冈石窟的是日本学者伊东忠太，他在1902年发表

云冈第20窟露天大佛

云冈旅行记，云冈石窟随即引起中国学者们的关注。

  1914年火车通入大同，1918年陈垣、叶恭绰访问云冈，后完成《记大同武州山石窟寺》，并发表于《东方杂志》，这是国人第一篇关于云冈石窟的论文。不过那时的调查多偏重于历史、宗教和艺术，并未在建筑学上进行研究。

  1933年9月，梁思成同林徽因、刘敦桢、莫宗江考察了大同郊外十几公里的云冈石窟。

  当年的云冈，人迹罕至，交通不便，为了方便工作，他们在附近一连住了三天，云冈魅力让他们不愿离去。不久后，梁思成和刘敦桢完成了《云冈石窟雕塑中所表现的北魏建筑》。

  1961年云冈石窟被列为全国首批重点文物保护单位，2001年云冈石窟被列入世界遗产名录。

1940年日本学者在云冈石窟进行考古调查

应县木塔
1933 年梁思成 32 岁

应县木塔高 67.13 米,是世界上最古老、最高的木塔。木塔的设计全靠斗拱、柱梁镶嵌穿插吻合,不用钉不用铆,是我国古建筑中使用斗拱种类最多、造型设计最精妙的建筑。

早在 1932 年,梁思成就读到过一份考古报告,报告提到在大同以南的应县小城里有一座建于 11 世纪的木塔。梁思成很想亲自过去考察,但是却无法肯定这座木塔还是否存在,怕冒然过去,看到的却是一座清代重建的塔。梁思成去北平图书馆查阅资料,也没有找到一张有关该木塔的照片。于是他就想了一个办法,写了一封信,附上一元钱,寄往"山西应县最高等照相馆",请他们拍一张这座木塔的照片寄回来,如果摄影师帮助拍照,他还可以送他一份礼物。果然,应县的摄影师拍了照片给他寄来。

看到照片,梁思成再也按捺不住对木塔的向往。1933 年考察完大同以后,林徽因先回北京,梁思成等人便到了应县,在距离目的地很远的地方就看到一座宝塔映照着金色的落日,那就是他朝思暮想的应县木塔!

对此,梁思成在一篇文章中写道:"当我们到达离城大约还有 5 英里的一个地方的时候,我蓦地看到在我前方山路差不多尽头处,在暗紫色的背景上有一颗闪光的宝石——那是在附近的群山环抱中一座红白相间的宝塔映照着金色的落日。当我们到达这座有城墙的城市时天已黑了,这是在盐碱地上一个贫穷的城镇,城圈里只有几百家土房子和几十棵树。但它自夸拥有中国至今仅存的木塔就像一个黑色的巨人,俯视着城市。但在它的最上一层的南面可以看见一盏灯,在周遭的黑暗中一个亮点。后来我弄清了,这

应县木塔

就是那 900 年来日日夜夜点燃的'万年灯'。"

　　梁思成在另一篇文章中写道:"今天正式去拜见佛宫寺塔,绝对的 Drewbelming,好到令人叫绝,喘不出一口气来半天!""这塔真是一个独一无二的伟大作品。不见此塔,不知木构的可能性到了什么程度。我佩服极了,佩服建造这塔的时代和那时代里不知名的大建筑师,不知名的匠人。"

　　梁思成给木塔拍照片,画出塔的断面图,绘制楼梯、栏杆、格扇的图样,抄录了寺中的碑文。"在一个阳光明媚的下午,我正在塔尖上全神贯注地丈量和照相,没有注意到黑云已经压了上来。忽然间一个惊雷在塔旁爆响,我猝不及防,差一点儿在离地 200 米的高空松开我手中紧握的冰冷铁链。"在 60 多米高的塔顶,梁思成穿着铁马甲,抱着铁链,攀登塔刹,丈量尺寸,完全忘记了个人安危,沉浸在巨大的快乐之中。

赵州桥

1933 年梁思成 32 岁

1933 年在梁思成重访正定后，偕莫宗江等人来到赵县，拜会期待已久的赵州桥。

赵州桥又称安济桥，横跨在赵县城西门外 5 里的洨河上。它是由 1400 多年的隋代匠工李春设计建造的，为世界上现存年代最久、单孔跨度最大、保存最完整的石拱桥，全长 64.4 米，跨度达 37.02 米。赵州桥拱上加拱，即节省了石料又减少了桥身自重，还增加了河水的泄流量，这种方法比欧洲早了七百多年。

唐中书令张嘉贞的《安济桥铭》中记载："赵州洨河石桥，隋匠李春之迹也。"到了赵州桥，梁思成多方查寻"安济桥铭石"却没有找到，其实这铭石就在他们住的桥南关帝阁内。后来关帝阁在 1946 年时毁于战火，1949 年后，赵县文保所的人员在关帝阁的废墟内发现两个大型柱基石，就是由桥铭石雕凿而成的。

梁思成带当地村民对赵州桥的根基进行挖掘、探测，挖到了根基石，因为缺少排水器械而停工。但彼时，他并不敢相信，这么大一座石桥，根基只有一米多深。

1979 年 5 月科学探测得出结论，赵州桥的地基没有经过夯筑，确实是建在天然地基上的。1400 多年前的李春是通过怎样的计算，竟敢如此大胆地采用这种建筑方法，至今还是一个谜。

梁思成离开时，对村民们说："这是国宝，要修的，一定要修的。"返回北京后的梁思成多方奔走，政府终于开始着手准备保护和修缮赵州桥。但随着卢沟桥战火的爆发，梁思成的计划又成了泡影。

赵县古称赵州，文物建筑古迹众多。除大石桥外，梁思成还发现两座桥：一座是县城西门外的永通桥，一座是县西南的济美桥。他还调查了国内最大的宋代陀罗尼石经幢和柏林寺砖塔。除济美桥在 1966 年冬被毁外，梁思成当年考察过的建筑，如今都已成为全国重点文保单位。

1949 年后，国家拨款 30 万元，邀请梁思成等专家制定赵州桥维修方案，从而进行了长达 6 年的大修。

1963 年 3 月，梁思成和桥梁专家茅以升来到阔别近 30 年的赵州桥，发现在大修时从河道中发掘出几十块从桥上跌落的历代石栏板，其中不但有唐、宋、元、明之物，还有隋代初建时精美的栏板。

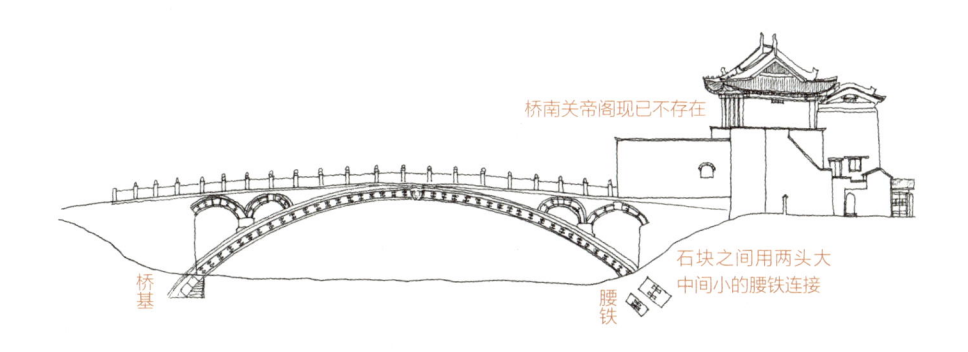

赵州桥手绘图。1933 年梁思成在赵州桥考察的时候，曾经向下挖过桥基，不过以为是为了防水的金刚墙，下面还有基础，因为没有排水设备而放弃。1979 年中科院组成联合调查组，对桥基进行了调查，发现自重为 2800 吨的赵州桥，根基只是五层石条砌成的高 1.56 米的桥台，可以说是直接建在自然砂石上的。当年是怎么计算出这么浅的基础恰好可以支撑起这么重的大桥的？真是让人难以置信。

洪洞广胜寺

1934 年，梁思成 33 岁，林徽因 30 岁

1934 年 8 月，梁林夫妇受费正清、费慰梅夫妇邀请，到山西汾阳城外的峪道河避暑，这是他们第三次山西之行。今人大多知道因申遗成功而名扬天下的平遥，可是却很少知道距离平遥二十多公里外的汾阳峪道河。

峪道河在中国近代史上的地位，不逊于平遥。当年，峪道河和北戴河、庐山齐名，都是著名的避暑胜地。这里曾是山西传教士聚集的中心，今日的汾阳中学和汾阳医院便是当年传教士们建造的。

在汾阳，梁思成夫妇住的是恒慕义的别墅。恒慕义是美国公理会教士，他的儿子恒安石是中美建交后第一任驻华大使。那年夏天，恒慕义回美国去了，便将别墅借给费正清夫妇，于是费氏夫妇邀梁思成夫妇一起来避暑。

飞虹塔手绘图。飞虹塔原建于唐代，元明两代重修，是全国 19 座舍利塔之一，也是国内最大最完整的一座琉璃塔。

借避暑之机，二人以峪道河为中心，对晋中一带汾河流域的古寺庙进行了一系列的考察，发现了四十余处古建筑。因为当时没带助手和测绘工具，所以只是拍照记录、简单测量，留待以后调查。费正清曾回忆："每到一座庙宇，思成便用他的莱卡照相机从各个方位把它拍摄下来。"

梁林夫妇此次考察的重点是洪洞广胜寺。广胜寺分作上、下两寺。

上寺的飞虹塔，是一座少见的琉璃宝塔，塔高47米，分13层，塔外镶嵌琉璃瓦，在阳光的照射下五彩斑斓，如同彩虹，故而得名飞虹塔。

下寺的壁画是中国元明壁画的杰作，其中一些在民国初年时流失到了美国，《药师佛佛会图》现藏于美国纽约大都会博物馆。1927年从宾夕法尼亚大学毕业的梁思成、林徽因，很可能见到了宾大博物馆中的两幅广胜寺壁画《炽盛光佛佛会图》和《药师佛佛会图》，不过当他们1933年站在广胜寺下寺那个缺失了壁画的墙壁前，未必知道这些壁画流失的故事，因为宾大在1938年到广胜寺实地考察后才确定这两幅壁画的来源。

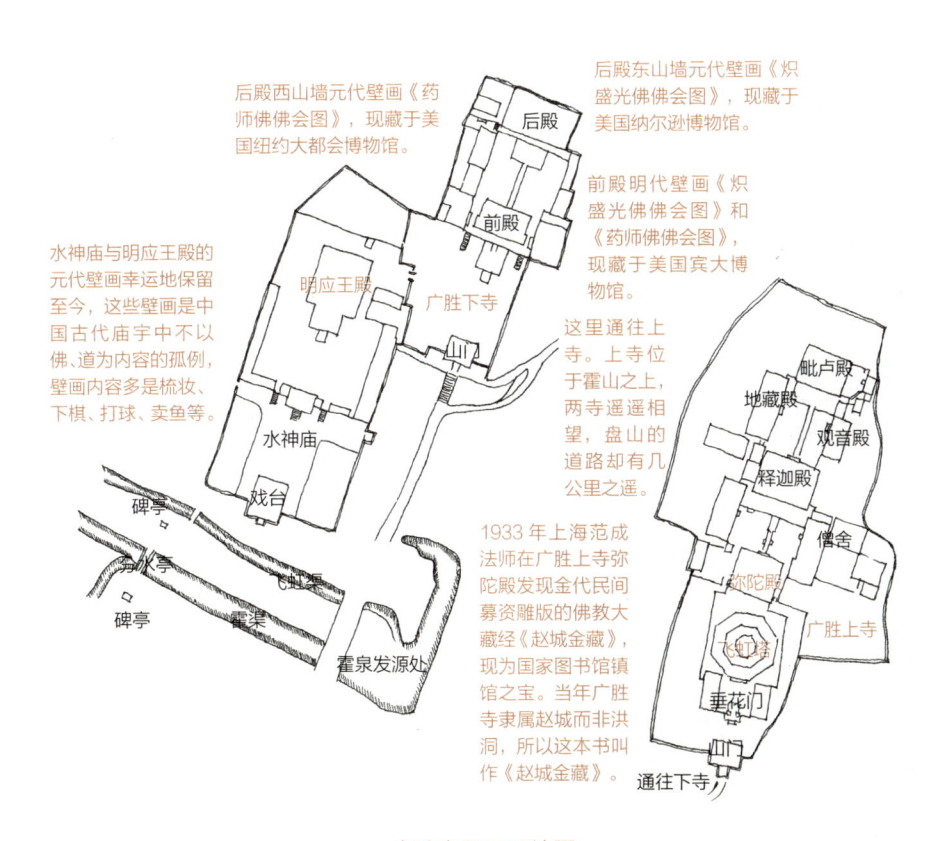

后殿西山墙元代壁画《药师佛佛会图》，现藏于美国纽约大都会博物馆。

后殿东山墙元代壁画《炽盛光佛佛会图》，现藏于美国纳尔逊博物馆。

前殿明代壁画《炽盛光佛佛会图》和《药师佛佛会图》，现藏于美国宾大博物馆。

水神庙与明应王殿的元代壁画幸运地保留至今，这些壁画是中国古代庙宇中不以佛、道为内容的孤例，壁画内容多是梳妆、下棋、打球、卖鱼等。

这里通往上寺。上寺位于霍山之上，两寺遥遥相望，盘山的道路却有几公里之遥。

1933年上海范成法师在广胜上寺弥陀殿发现金代民间募资雕版的佛教大藏经《赵城金藏》，现为国家图书馆镇馆之宝。当年广胜寺隶属赵城而非洪洞，所以这本书叫作《赵城金藏》。

广胜寺平面手绘图

发现晋祠

1934 年，梁思成 33 岁，林徽因 30 岁

对于太原名胜晋祠，他们本没有列入考察计划，但是在离开太原去汾阳峪道河时，汽车从晋祠后面绕行而过，梁思成、林徽因在一瞥之间，"惊异地抓住车窗，望着那一角正殿的侧影，爱不忍释。相信晋祠虽成'名胜'却仍为'古迹'无疑"，为此决定在归途中一定要在这里下车一探究竟。

晋祠位于今太原市区西南 25 公里处的悬瓮山麓，是晋水的发源处。这座祠堂始建于北魏前，是为了纪念周武王的次子叔虞而建造的。周柏唐槐、宋代彩塑以及难老泉，是这里的"三绝"。

周柏是北周时代种植的柏树，唐槐是唐代时种植的槐树，二者都是晋祠千年古木的代表。周柏位于圣母殿北侧，距今已有 1400 多年，原先本有两株，名为齐年古柏，如今只剩一株了，树干粗壮，需数人才能合围。在当地人眼中，这株古柏就是长生不老的象征。唐槐位于水镜台前，虽不是晋祠古槐中年代最久远的，但却是最繁茂的一株。每到春夏之季，树绿荫浓，至今都还茂盛葱郁。

晋祠的古建筑首推圣母殿。该大殿建于宋代天圣年间，前廊很宽，进深两间，殿内无柱，十分宽敞。殿外有 8 根宋代木雕盘龙柱子，殿内有 43 尊宋代彩塑，艺术精湛。最让人惊叹的是圣母殿外面屋檐下的两尊泥塑，它们没有房屋的保

圣母殿内的宋代彩塑之一

护，上面只有一个房檐，一年四季寒来暑往，竟然能挺立一千年，真是奇迹。

晋水有三个源泉，一是善利泉，一是鱼沼泉，一是难老泉。难老泉是三泉中的主泉，晋水的源头就从这里流出，长年不息。难老泉的西侧建有水母楼，楼内塑有一尊端庄秀丽的水母塑像。

圣母殿前是闻名于世的鱼沼飞梁。古人称水塘"圆者为池，方者为沼"，圣母殿前的水池呈方形，故称为沼，沼中养鱼，便成了鱼沼。鱼沼历史悠久，早在北魏时期就有，不过宋代修建圣母殿时重建了飞梁，飞梁下面池中的34根八角形石柱仍是北魏原物。飞梁成十字形，通往四面，梁思成曾评价："这样的结构，在中国建筑史上，乃是唯一的孤例。"

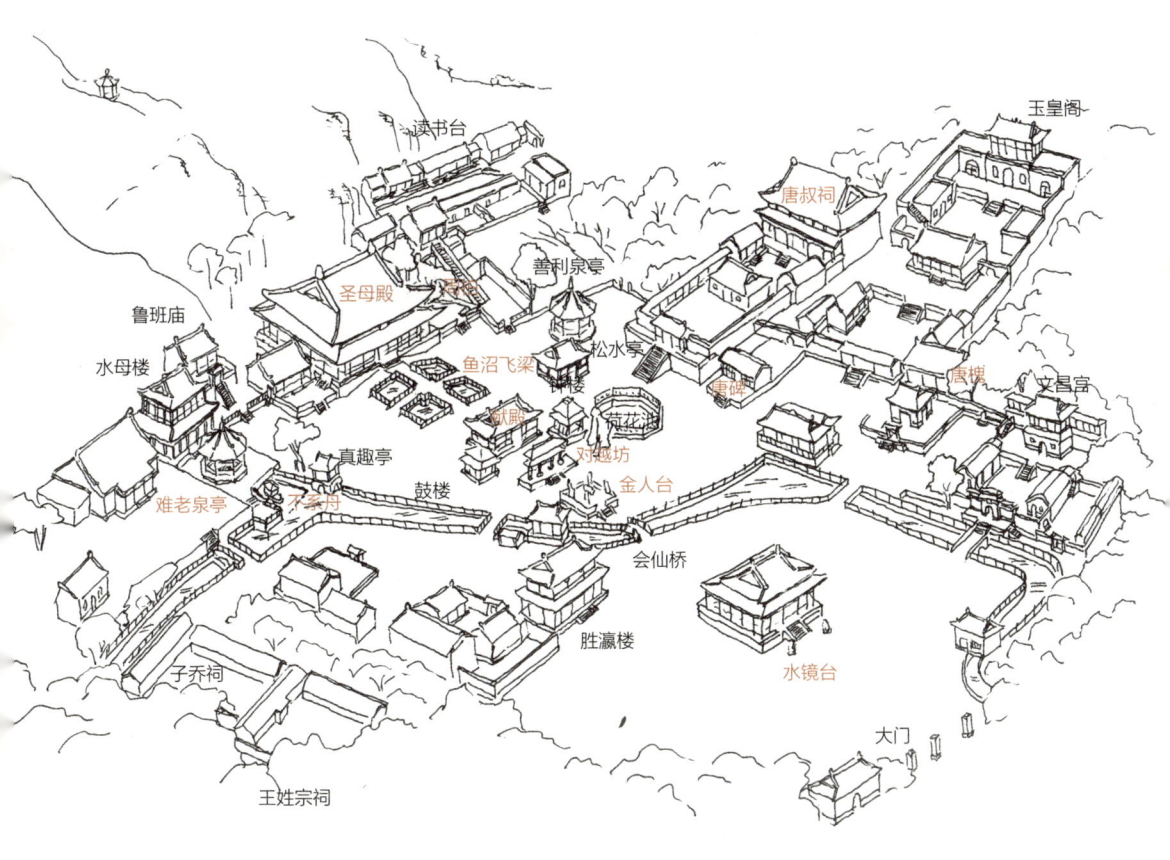

晋祠俯瞰手绘图

烟雨江南

1934 年—1935 年

1934 年，时任浙江省建设厅厅长的曾养甫邀请梁思成到杭州制定六和塔修复计划。10 月，梁思成、林徽因和刘致平来到杭州，测绘了六和塔，制定出了详细的修复方案。这次到杭州，也是林徽因第一次返回自己的出生地。

除了六和塔，他们还去了灵隐寺双石塔和钱塘江边距六和塔不远的闸口白塔，到了浙南的宣平县的延福寺，在金华天宁寺发现了一座元代大殿，又顺路去了吴县角直，参观了著名的保圣寺罗汉和南京栖霞寺石塔。

保圣寺创建于梁，是"南朝四百八十寺"之一，寺内建筑残破，却保留下很多唐代的木塑。1928 年，因年久失修，大殿半边坠塌，原来的十八罗汉半数被毁，造成不可挽回的损失。1932 年，这幸存的九尊罗汉被雕塑家重新组合起来，成为江南的稀世珍宝。

六和塔始建于吴越，重建于南宋，外围木檐被多次修缮。1934 年梁思成现场测绘后，回北平进行了详细考证，将六和塔和同期的保俶塔、雷峰塔进行对比，并参照《营造法式》得出结论——六和塔塔身建于南宋。1935 年梁思成出版了《杭州六和塔复原状计划》一书，详细介绍了六和塔的建筑结构，画有梁思成想象的复原图，并介绍了复原依据和注意事项。

1935 年 8 月刘敦桢在苏州游览时，发现苏州有多处古建筑，回到北平后把照片拿给梁思成看，梁思成看后大为惊诧，不久后他们便开始了第二次江南考察。这次他们在苏州考察了宋代的玄妙观，宋代的罗汉院双塔，塔身为宋代的报恩寺塔，五代初的虎岳云岩寺塔，元代的虎丘二山门，南宋的瑞光塔，明代的开元寺无梁殿，还有拙政园、狮子林等苏州园林，收获匪浅。

山东之行

1935年，梁思成35岁

1935年2月，梁思成应邀担任修缮和维护曲阜孔庙的工程顾问，这是他第一次到山东，当时林徽因因病未能参加相关工作。

当年很多省城、府城、县城都会有一座孔庙，保留至今的、规模较大的孔庙有三十多座，其中最大的一座位于山东曲阜。

曲阜是孔子的家乡，这里除了孔庙，还有孔府、孔林。曲阜孔庙与北京故宫、承德避暑山庄并称为中国三大古建筑群，是建筑中的上品。两千多年的历史中，孔庙经历了七十多次重修扩建，规制宏伟，气势巍峨。1994年，曲阜孔庙被列入世界文化遗产名录。

当时，梁思成对孔庙40座建筑进行调查，主要部分做详细测绘，并发表了《曲阜孔庙之建筑及其修葺计划》。1959年，梁思成还写了一篇游记《曲阜孔庙行》，发表于《旅行家》杂志上。

1936年6月，梁思成第二次去山东，当时他们一行五人结束了龙门石窟的调查后，前往开封调查宋代的繁塔、铁塔和龙亭等古建筑，然后从开封直抵济南。

这次他们是应当时山东省教育厅厅长何思源之邀来做古建筑考察的。他们在山东走遍了所有古建筑，旅途中林徽因还写了一首诗《旅途中：暑中在山东乡间步行》。

新的发现总是层出不穷。在济南附近的长清，他们发现了中国最早的塔——四门塔；在泰安，发现了如同宋画《清明上河图》中的建筑——岱庙山门。

龙门石窟

1936年，梁思成35岁，林徽因32岁

1936年5月28日，梁思成、林徽因抵达洛阳，会同正在河南西北部考察的刘敦桢等一行五人，前往洛阳城南的龙门石窟。一进入龙门，他们就被石窟那博大雄浑的气势深深震撼了。梁林夫妇都是世家子弟，出身优越，外出考察时恶劣的居住环境超出了他们的想象。回忆起1936年考察洛阳龙门石窟的情景，梁思成写道："我们回到旅店铺上自备的床单，但不一会儿就落上一层砂土，掸去不久又落一层，如是者三四次，最后才发现原来是成千上万的跳蚤。"

这里伊水从南向北从两山中穿过，古称"伊阙"。北魏孝文帝从平城（现山西大同）迁都到洛阳时，也将当年开凿云冈石窟的工匠带到了洛阳，继续开凿龙门石窟。隋炀帝定都洛阳，皇宫的大门正对着伊阙，所以伊阙也被称为龙门。

他们在龙门考察了四天，刘敦桢负责编号和记录建筑特征，林徽因负责记录佛像雕饰，梁思成、陈明达负责摄影。

龙门石窟最吸引人的是开凿于唐朝高宗年间的奉先寺，据说正中的卢舍那佛是按照武则天的样子设计的。后来，龙门石窟被西方人所关注，很多学者专家都来考察过，吸引了不少古董商人前来观摩，当然也少不了盗贼的光顾。中国四大石窟，唯有龙门石窟靠近大城市，交通最方便，所以这里的石雕被盗掘得最严重，连卢舍那大佛的双臂都不见了。

1992年，石窟专家王振国调查发现，龙门石窟被盗主像262尊，其他各类雕像1063尊，被凿最多的部位是佛头，多数被转卖到了欧美各大博物馆，

日本学者关野贞曾于1906年和1918年先后两次考察龙门石窟，写成调查报告，拍摄的大量照片保存于东京大学。

《帝后礼佛图》局部

可能只有64件查到了下落。

　　这64件都是龙门造像鼎盛时期的精品，其余雕像去向不明。劫掠最严重的是古阳洞，洞内佛像几乎全部被整体凿下，被盗卖至国外。64件被盗品中最珍贵的是龙门石窟宾阳中洞东壁上的浮雕《帝后礼佛图》，它创作于北魏年间，是中国古代浮雕的重要作品。其中之《北魏孝文帝礼佛图》现藏于美国纽约市艺术博物馆，《文昭皇后礼佛图》现藏于美国堪萨斯市的纳尔逊艺术博物馆。

　　2000年，洛阳龙门石窟被联合国科教文组织列为世界文化遗产。

陕西之行

1936 年—1937 年

西安大雁塔

西安小雁塔

1936 年梁思成结束了山西的工作后,第一次奔赴西安考察。当年从山西到西安的铁路还没通客运,他们只能乘坐四处漏风的货车。

西安是四大古都之首,因年代久远,并没有留下太多地面木构建筑。城内最古老的木构建筑是元代旧布政司署的府门,以及两座明代的清真寺、华觉巷的东大寺和大学习巷的西大寺,除此以外都是清代重建的了。不过除了木构建筑以外,还有很多唐代以来的砖石塔和经幢,比如大雁塔、小雁塔都是砖塔。大雁塔建于唐代,属于慈恩寺,从大雁塔门上的石刻上还能看出唐代木建筑的形式。

1937 年 5 月,刘敦桢与麦俨增再赴河南、陕西调查。当时顾祝同任西安行营主任,邀请梁思成夫妇到西安做小雁塔的维修计划。到了西安,梁思成专门为西安碑林的修复工程做了设计,梁思成设计的墓志廊等建筑已经成为碑林建筑群的一部分。

除此之外，他们还去了临潼的秦始皇陵和华清池，户县的草堂寺、灵感寺，咸阳的文王、武王陵，兴平县的汉武帝茂陵、霍去病墓。

他们原计划继续西行至兰州，甚至远赴敦煌，但当时时局紧张，陕甘一带处处设卡，没有军事通行证寸步难行，所以他们到达西安北部的耀县（当年叫耀州）后，只能折返。因此，敦煌成为他们永远的遗憾。

20世纪50年代，西安的小雁塔要进行保护维修，在审查方案时，梁思成提出了"整旧如旧，保持原貌"的维修原则，以后这项原则为《中国文物保护法》所采纳。

1936年梁思成陕西考察地

永寿寺雨花宫

1937 年，梁思成 36 岁，林徽因 33 岁

    1937 年营造学社赴山西中部考察，后因"七七事变"而中断。这次考察收获很大，除了发现佛光寺的唐代大殿，还发现了永寿寺的雨花宫。

    榆次原本并不属于他们考察的范围，当时他们乘坐火车经正太路（正定－太原）去太原，林徽因从车窗外偶然看到一座古朴的木构建筑，直觉这座庙宇的建筑价值非凡。于是到达太原的次日，他们利用空隙时间，返回榆次雨花宫，留下了照片和勘查图纸资料。

    从梁思成所著的《中国建筑史》中，可以看到这座北宋早期的雨花宫建筑剖面图和照片。雨花宫是永寿寺的一座大殿，因修铁路，它的前半部分被拆掉了，仅存最后的雨花宫。他们在考察中发现雨花宫当心间脊槫下有一块书写题记的木板，上书"峕大宋大中祥符元年岁次戊申柒月巳未朔拾捌日丙子重建佛殿记"，唐宋建筑中有明确年号题记的非常稀少，"大中祥符元年"即 1008 年，是北宋早期。

    雨花宫单檐歇山，深广都是三间，断面为营造法式之"六架椽屋"，非常精美，是唐宋木构建筑过度形式的重要实例。斗拱结构简洁，廊里的墙上是"直棂窗"，非常古朴，檐下的横匾色彩已经脱落，行楷的"雨花宫"三字笔力遒劲。

    他们绘制了雨花宫的实测图，拍下照片，预备回程的时候再回来做详细的考察和测量，可是没想到不久后战争就爆发了，这一走就再也没有机会见到这座美丽的雨花宫。

    雨花宫是梁思成在多年考察中发现的古老的三大木构建筑之一，其他两

第六部分　寻遍中国古建筑　**157**

座是佛光寺和蓟县独乐寺。雨花宫最大的特点在于结构简洁，节省了很多不必要的材料，尽管后来发现了很多唐宋建筑，但雨花宫的独特之处仍然显得弥足珍贵。只是现在雨花宫早已不存在了。

云冈石窟　大同
应县　浑源
　　　悬空寺
应县木塔
代县　繁峙
　　　佛光寺　五台山

民国时峪道河是和北戴河、庐山齐名的西方人的避暑胜地。

忻县
太原
　　　　雨花宫　石太铁路
晋祠
灵岩寺

峪道河
汾阳　　太谷
　　平遥
　　介休
灵石
霍县
赵城县
洪洞县　广胜寺

原来正定到太原的铁路叫正太线，后来因为在正定南边的滹沱河上架桥成本太高，所以只好将铁路修到了正定南面的石家庄，正太线变成了石太线，正定的古建筑得以保存了下来。

梁思成四次考察山西：1933年9月考察大同、云冈石窟和应县木塔，1934年8月晋汾古建筑预查，1936年10月第二次晋汾调查（因战争爆发资料丢失），1937年7月发现佛光寺。

中国第一国宝

1937年，梁思成36岁，林徽因33岁

抗日战争爆发前五年，是营造学社野外调查的黄金般的五年，他们在和时间赛跑，和战争赛跑。

尽管见识到了很多古建筑，但除了蓟县独乐寺，梁思成和林徽因还没有见到更古老的木构建筑。他们并不死心，相信中国的大地上仍然存在着穿越千年时光的建筑。

梁思成从常书鸿看到的那套《敦煌石窟图录》中发现了一幅宋代壁画《五台山图》，从北平图书馆的《清凉山志》中也发现了很多有关的壁画和文献，在这两个作品中，他看到了同一个名字"大佛光寺"。1937年6月26日的黄昏时分，梁思成历经千辛万苦终于到达了现忻州市五台县豆村镇的佛光寺。

佛光寺大殿并不高大，貌似平常，却被梁思成称为"中国第一国宝"，因为它打破了日本学者的断言：在中国大地上没有唐朝及其以前的木结构建筑。

佛光寺里有许多古塔和经幢，几乎都是孤例。在东大殿南侧，是开山祖师愿诚的墓塔，典型的北魏花塔。佛光寺后山上还有一处塔林，里面有很多唐代、宋代的墓塔。佛光寺正殿居于10多米的高台之上，殿中有巨大佛坛，耸立佛像三十余尊，周边是一圈五百罗汉的塑像。他们还发现，那个躲在大殿一角的谦恭的女人并不是寺中僧人所说的武则天，而是出资建殿的女主人宁公遇。

这次考察是梁思成夫妇开始野外调查以来最兴奋的时刻。他们把带去的食品都拿了出来，以庆祝这伟大的发现。"这是我们这些年的搜寻中所遇到的唯一唐代木构建筑。不仅如此，在这同一座大殿里，我们还找到了唐朝的绘画、唐朝的书法、唐朝的雕塑和唐朝的建筑。个别地说，它们是稀世之珍，但加在一起它们就是独一无二的。"

1937年7月9日，《北平晨报》登出了梁思成发现唐代建筑的消息，而就在这张报纸的第三版却记录的是"七七事变"的爆发。直到7月15日，他们在代县读到报纸时才知道这一消息。

1944年梁思成在《营造学社汇刊》上发表了《记五台山佛光寺建筑》，不久豆村被日军占领，不过佛光寺却保存了下来。可直到他们去世，也没有机会再次踏进让他们魂牵梦绕的佛光寺。

1949年后，政府和人民对佛光寺加以保护。如今，佛光寺外青山环抱，寺内古木参天，殿堂巍峨，既是佛教信徒的朝拜圣地，也是旅游者们的观光胜地。

流亡岁月

第七部分

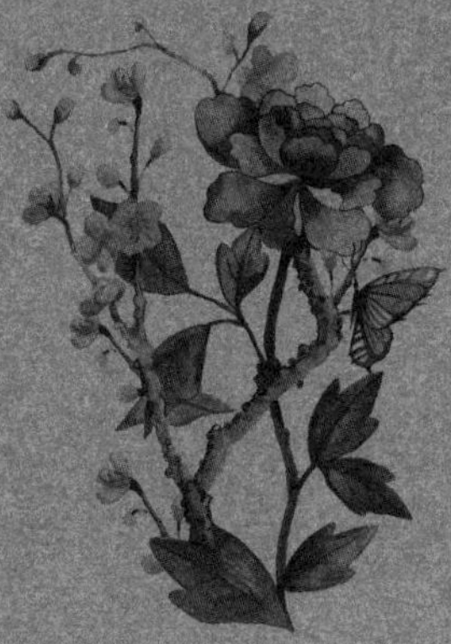

一对学者伉俪，一段激荡历史

几十年的峥嵘岁月里，一直

传说着她的美丽、才华、魅力和爱情

传说着他对一座座古城的眷恋和痴迷

告别北平

1937年，梁思成36岁，林徽因33岁

1937年7月，梁思成、林徽因带着发现佛光寺的喜悦，继续在山西调查古建筑。在代县，他们看到一捆从太原带来的报纸时，才知道"七七事变"已经爆发一周了，即刻起身返回北平。彼时北平已经被日军包围，情况万分紧张。

不久北平沦陷，清华、北大等高校师生开始撤离。

梁思成知道，如果不与侵略者同流合污，就得马上离开北平。9月5日，梁家一行人前往天津，在位于意大利租界的饮冰室落脚，同时把营造学社多年来调查古建筑的原始资料、照相底版和测绘图纸，储存在天津英租界麦加利银行的地下保险库里，然后乘船去了青岛，开始了逃亡之路。

当时，65岁的朱启钤决定留下来，他要守着这座经他改造的北平城，更重要的是，他还有一件大事没有完成。他担心如果盟军开始反攻，北平城将会受到莫大的毁坏。于是，他找到基泰工程司的张镈——张镈是梁思成在东北大学时的高材生，是平津沦陷区最好的建筑师——请他以基泰公司的名义和营造学社签下合同，投入巨资，从钟鼓楼开始，经故宫、社稷坛、太庙、端门、天安门、天坛、先农坛，一直到永定门的北平，对这些中轴线建筑进行了精确的实测，测量之详尽、标准之严格，用朱启钤的话说就是："即使这座城烧光了，我也能把它原样再建造起来！"

在此期间，张镈带领天津工商学院建筑系和土木系的学生们，用了三年半的时间完成了这一伟大工程。这批图纸现在已经成了国宝，1949年后历次故宫的维修都拿它做蓝本。

千里运镭

1937 年梁思成 36 岁

1937年日军进城,北平沦陷,一天夜里,清华教授赵忠尧忽然找到梁思成,请他帮忙开车出城去清华园取一样神秘的东西。

赵忠尧比梁思成大一岁,是留美博士,1931年赴英国剑桥大学著名的卡文迪什实验室访问,师从物理学大师卢瑟福。卢瑟福被这个中国学生的勤奋所打动,在他学成归国时,将实验用的50毫克镭赠送给他。

当时很多国家都在研究原子弹,所以镭在全世界都被禁运。但赵忠尧知道镭的珍贵性,便历尽千难万险将50毫克镭带回了中国,存放于清华大学实验室。赵忠尧担心宝贵的镭如果落入日军之手,后果将不堪设想,于是决定冒险去抢救这份珍宝。梁思成虽然和赵忠尧来往不多,但是知道这件事关系重大,于是不顾个人安危,马上开车出城,两人悄悄回到清华园,取出了镭。

镭是放射性物质,必须保存在厚重的铅筒之中。现在怎么把镭带到长沙而不被敌人发现,实在是个大问题。于是,赵忠尧装扮成难民,把铅筒藏在咸菜坛子中,随着逃难的人群出发了。一路风餐露宿,昼伏夜出,随身行李丢失很多,唯有咸菜坛子寸步不离。当他来到长沙临时大学办事处,梅贻琦校长认出这个"乞丐"的时候,两人都泪如雨下。可是不久学校又要迁往昆明,赵忠尧转道香港,经越南,长途跋涉,终于把镭安全带到了昆明。这50毫克镭几乎是当时中国高能物理的全部家当。

赵忠尧于1955年终于建成了中国第一台加速器,并开始了原子核反应的研究。不到10年,中国第一颗原子弹爆炸成功,赵忠尧的学生邓稼先、朱光亚等人都是重要参与者。

漂注长沙，逃亡昆明

1938年，梁思成37岁，林徽因34岁

在离开北京前，林徽因做了一次体检，医生警告她肺病需要静养，严禁疲劳奔波。

然而1937年9月，梁家人踏上了逃亡之路。从北平到天津，从大沽口乘船到青岛，然后乘火车到济南，从济南再乘火车到长沙……

其实，华北的局势早就是风雨欲来风满楼。清华大学的负责人拿出准备建文学院和法学院的40万元，在长沙购买了岳麓山的土地，筹建清华分校。抗日战争爆发，长沙的校舍还未完工。清华北大南开三所大学迁到长沙，组成长沙临时大学。长沙临时大学于10月25日开学，这就是后来西南联大的雏形。

8月底梁思永一家跟着中央研究院史语所一起到了长沙，9月梁思成一家也到了长沙。一开始，梁思成一家借住在火车站附近的考场坪，由于火车站是被轰炸的重点目标，家里遭到空袭之后，一家人从废墟中挖出一点家当，只好借住到张奚若家。

战争全面铺开，淞沪会战、太原会战、徐州会战、南京会战、武汉会战……中国军队进行了顽强的抵抗，然而在战场上还是节节败退，长沙待不了了。梁家人随后离开，向大西南转移，前往遥远的云南昆明。

1938年1月，他们终于到达了昆明，暂时住在巡津街9号的"止园"。因连日奔波，梁思成的脊椎病发作，在帆布椅子上躺了一年，并切除了扁桃体；林徽因的肺病也犯了，发高烧又转为肺炎；林徽因的母亲也卧病在床。一家人都病倒了，两个孩子还小，家里又没有了经济来源。林徽因的病好一点后，就去给云南大学的学生补习英语，贴补家用。

林徽因和梁思成来到昆明后不久，杨振声、沈从文、萧乾三家也一起来到了昆明。他们住在北门街蔡锷的旧居中，组成了一个临时大家庭。很快，金岳霖、朱自清等一群朋友也都陆续到达昆明。不过昆明城不大，大家见面的机会也多了起来，聚会的地方多是在林徽因家中，很快又恢复了太太客厅的热闹。

梁思成给中华教育文化基金董事会的周诒春写信，询问能否继续得到对营造学社的拨款。

日军飞机轰炸昆明的报道

周诒春回信说，只要有梁思成和刘敦桢在，基金会便承认营造学社。正好刘敦桢也从湖南老家来到昆明，刘致平、莫宗江和陈明达等人也陆续来到昆明。就这样，营造学社重新组建了起来。

得到资金后，营造学社在昆明开始了工作，第一项内容就是对昆明和附近的古建筑进行调查，由于梁思成的病还未痊愈，刘敦桢就担负起测绘的重任。

这是营造学社第一次对昆明地区的古建筑进行普查，考察组调查了圆通寺、土主庙、建水会馆、东西寺塔、官渡金刚塔、大德寺双塔、真庆观大殿、曹溪寺、金殿等50多处古建筑，确定了它们的年代和建筑特点。

在此期间，梁思成和林徽因除了整理考查结果，还为云南大学设计了一座女生宿舍楼。这栋建筑由当时的云南省主席龙云的夫人顾映秋捐款，所以命名为"映秋院"。这是一座四合院建筑，中西合璧，又带有昆明本地的民族气息，1987年被列为云南省级重点文物保护单位。

梁思成卧病在床时，用英文写了一篇关于赵州桥的论文，发表于美国著名建筑杂志《笔尖》。当时该论文引起了西方建筑学界的关注，有美国的大学邀请梁思成夫妇去讲学，可是梁思成说："我的祖国正在灾难中，我不能离开她；假如我必须死在刺刀或炸弹下，我要死在祖国的土地上。"

西南联大

1938 年，梁思成 37 岁，林徽因 34 岁

抗日战争爆发，沿海大城市的高校纷纷内迁，在西安、成都、昆明等内地城市建立了十余所大学，其中最有名的就是西南联合大学。北大、清华和南开迁至湖南长沙，组成长沙临时大学，但开学一个月时，日军逼近湖南，学校只好西迁昆明。

彼时，先后迁入云南的高等院校有十余所，其中规模最大的就是西南联大。联大教师汇集清华、北大、南开三所学校的精英，大师云集：陈寅恪、赵元任、梁思成、金岳霖、陈省身、朱自清、冯友兰、沈从文、萧乾、陈岱孙、闻一多、钱穆、钱钟书、周培源、费孝通、华罗庚、朱光潜、林徽因、吴晗、吴宓、梅贻琦、蒋梦麟、冯至、刘文典、穆旦等。原清华校长梅贻琦任联大校长，北大校长蒋梦麟为主任。

联大成立八年，一共培养了大约 2000 名学生，其中很多人后来成了举世闻名的专家和学者。

抗战胜利后，1946 年西南联大解散，三校分别回北京、天津复校。西南联大为报答昆明父老的养育之恩，将联大的校舍和师范学院留在了昆明，更名为昆明师范学院，这就是后来的云南师范大学。

联大北上复员时，在原址留碑纪念。1946 年 5 月 4 日纪念碑落成，由冯友兰撰文、闻一多篆额、罗庸手书，人称"三绝碑"。碑文叙述联大校史，碑背面镌刻着"国立西南联合大学抗战以来从军学生题名"。今天去云南师范大学，从正门一直向里走，还能够看到联大的纪念碑。

联大刚成立时，在昆明租了一些学校、会馆、仓库作为校舍，散布于昆

明城内，后来在云南省政府支持下，在昆明西北城外三分寺（地台寺）附近购置了124亩荒地，准备修建自己的校舍。

梅贻琦是梁思成在清华时的老校长，他邀请梁林夫妇为联大设计校舍，半个月后，梁林夫妇拿出第一套设计方案，一个一流的现代化大学跃然纸上。然而，这一方案被否定了，联大根本拿不出经费建造这样的校舍。

当时联大经费按原来的四成拨付，可实际上根本无法到位，教职员工的薪水、学生的伙食补助都没有着落，图书资料、实验仪器在长途运输中受损严重，也无力添补。梅贻琦知道联大是临时的，所以在校舍上必须省而又省。

此后两个月，设计方案由高楼改成矮楼，又从矮楼变成了平房，砖墙变成了土墙。几乎每改一稿，林徽因都要落一次泪。

可是当交出最后一稿时，建设委员会委员长黄钰生很无奈地告诉他们："经校委会研究，除了图书馆和食堂的屋顶可以使用青瓦，部分教室和校长办公室可以使用铁皮屋顶之外，其他建筑一律覆盖茅草，土坯墙改为用黏土打垒，砖头和木料使用再削减二分之一。"

半年后，一幢幢茅草房建成了。到了抗战最艰难的时候，那些屋顶上的铁皮都被卖了补充经费。谁能想到，几十年后从这些茅草房里走出的学生之一杨振宁，竟登上了诺贝尔物理学奖的领奖台。

西南联大纪念碑　　　　　　　　　西南联大的教室

梁林旧居

1939 年—1940 年

营造学社没有图书资料，所以学者们只能利用中央研究院历史语言研究所（简称史语所）的藏书。

1938 年 9 月，日军第一次空袭了昆明，这里不再安全。1939 年史语所搬迁到了昆明北郊龙泉镇，营造学社也跟着搬到了附近的麦地村。

昆明东北方向 12 公里外的龙泉镇，有龙头村、麦地村、棕皮营三个相邻的村庄。麦地村有一座兴国庵，成为了营造学社的驻地。

日军空袭越来越频繁，来这里居住的专家学者也越来越多，梁林的很多好友都来了。眼看战争一时无法结束，很多学者便开始在这里建房子，准备常住。

梁思成夫妇借用当地一位村民的土地，用以建盖房屋。双方约定，一旦战争结束，所建房屋无偿归李家所有。这是他们一生中唯一为他们自己设计并亲手建造的房屋。

夫妻俩选中了金汁河畔的一块依山傍水的空地。由于当时梁思成要去四川考察建筑，房屋的建盖工作便主要由林徽因完成。她虽然生病，但还在帮忙运料，还要做木工和泥瓦匠。就是这样的一栋农舍也耗尽了他们的积蓄，"不得不为争取每一块木板、每一块砖，乃至每根钉子而奋斗"。

三间房子，共有 80 平米，中间隔了一个通道，和对面的厨房、仓库形成一个小院。为了采光，窗子的面积比当地的大好多，窗棂用木条交叉成一个个菱形，简洁美观；屋内的客厅里设计了壁炉，铺上了木地板。房子虽然简陋，却别具匠心。

战争中梁家已经完全破产，彻底地变成了一户贫穷的农民。1940年费慰梅从美国寄来一张支票，才帮林徽因付清了建房的费用。

不过梁家辛辛苦苦盖起来的房子，他们只住了八个月，就跟着史语所搬到了四川李庄。

2003年，昆明市人民政府正式将昆明梁林旧居列为昆明市市级文物保护单位，又于次年7月底进行了修缮。特别是北京的梁思成林徽因故居拆除后，坐落在金汁河畔的梁林旧居便更显弥足珍贵。

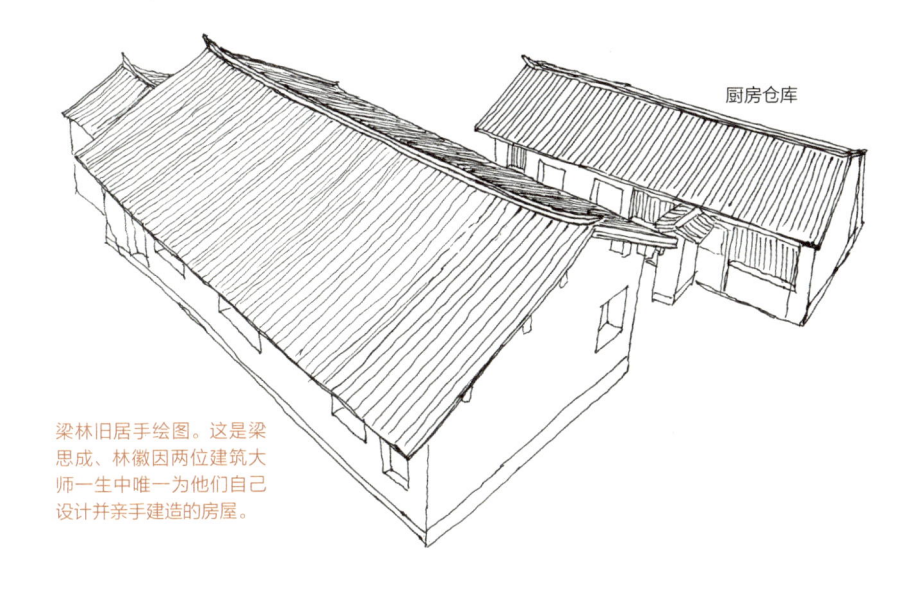

厨房仓库

梁林旧居手绘图。这是梁思成、林徽因两位建筑大师一生中唯一为他们自己设计并亲手建造的房屋。

考查川滇

1939年9月—1940年2月

1939年，梁思成的身体好了很多，于是他和刘敦桢、莫宗江、陈明达等人开始了长达半年的西南古建考察。彼时是抗战最艰苦的时期，考察队员们经常夹杂在各地流亡的人群中，不断接受各个关卡的盘查。

梁思成随身携带重庆颁发的护照，上面写着：

兹有中国营造学社社员梁思成，现年39岁，广东新会县人，由重庆到各处调查古建筑遗迹，特发给护照，希沿途军警查验放心，勿阻。

他们对云南、四川、陕西、西康等36个县进行了考察，调查了古建筑、汉阙、崖墓、摩崖、石刻等730余处，以及著名的乐山大佛。而林徽因则留守在兴国庵，整理大量绘制图纸和文字资料。

在麦地村兴国庵一带，有不少当地特色的"一颗印"建筑，引起了营造学社的关注。这是营造学社从未涉足的领域——民居。他们发现华北和中原的民居基本差不多，但西南地区的很多民居和中原的差别极大，这使他们渐渐认识到中国民居的重要性和特殊性，并将西南民居列入了调查对象。

战时的条件更加艰苦，交通基本瘫痪，西南地区道路恶劣，民族混杂，就是在这种难以想象的困境中，梁思成一行人完成了对西南地区古建调查，撰写出了《西南古建筑勘查》。通过这次考察，他们获得了一批西南地区建筑的珍贵资料，可是谁都没想到，这竟然是营造学社最后一次野外考察。

1940年，战争导致经济状况不断恶化，学社经费陷入困境，生活费都成了问题，于是他们只能在兴国庵里整理考察资料，做些基本的文献工作。

乐山大佛

可是没想到，不久后中央研究院史语所要迁往四川李庄，离不开史语所藏书资料的营造学社无奈之下也只能一起跟着迁去四川。

就在梁家人准备离开自建的房屋、跟老朋友们告别时，又传来一个噩耗：早在一年前海河发大水，天津被淹，营造学社保存在英国麦加利银行地下室的珍贵图稿和照相底片都被洪水浸泡了。颠沛流离了三年、历尽艰险的梁思成，想必那时心如刀割。

李庄岁月

1940年，梁思成39岁，林徽因36岁

1940年秋，日军加紧了对云南和缅甸的轰炸，想要切断对中国的物资输送线。战火迫使昆明的高校和中研院准备迁往四川。

位于昆明的同济大学迁到了宜宾，可是宜宾难民太多，无法安置太多人，这时长江边的一个小镇进入了中国近代史的视野，李庄的士绅们发出"同大迁川，李庄欢迎，一切需要，地方供应"的电文。于是，中央研究院选中了这个小镇。

从昆明出发时，梁思成忽然发烧了，林徽因只好带着孩子和母亲先走，两个星期后她们终于到达了四川李庄，又等了三个星期，病愈的梁思成才赶到。

被称为"万里长江第一镇"的李庄有着千年的历史，这里有"九宫十八庙"大量建筑群，但李庄低估了难民的数量。继同济大学之后，中央博物院、中央研究院、中国大地测量所、金陵大学文科研究所等都迁到了李庄，一下挤进了上万人。史语所选择迁往远在六里外板栗坳的栗峰书院，而营造学社的社员连同家眷一共十几人，选择了距离板栗坳三四里远的月亮田。

在李庄，他们再也无力去野外调查了，除了就近测量李庄旋螺殿和宋墓等一些古建筑，就只能进行一些资料分析整理和著述的工作。在这贫病交困、与世隔绝的六年中，梁思成彻底读懂了李诫的天书《营造法式》，完成了这本书的注释，同时完成了中国建筑的扛鼎之作——《中国建筑史》和英文本《中国建筑史图录》。

在哈佛燕京学社的资助下，梁思成、林徽因开始编印停刊已久的《中国营造学社汇刊》。当地没有印刷厂，他们就自己动手，绘图、排版、印刷、装订、装裱封面，因为战时纸张缺乏，他们只能用当地土纸。就是在这种条件下，他们先后出版了两期《中国营造学社汇刊》，梁思成的关于五台山唐代建筑佛光寺的考察报告就发表于此。

李庄的生活环境异常艰苦，没有自来水，没有电，也没有医院，更买不到肺病需要的药品。梁思成儿子梁从诫平时只能赤脚，到了冬天才能穿上鞋。最困难的时候，梁思永的妻子李福曼去摆地摊儿，以变卖家中的一点好衣物来度过难关。即便如此困难，梁思成和林徽因也一直坚守在李庄，坚守着营造学社最后的阵地。

当年，李庄、重庆、昆明、成都是抗战时期四大文化中心。今天，李庄古镇已经成为著名的风景区，镇上的许多古庙、旧宅门口都挂有当年借驻在这里的文化机构的名牌。

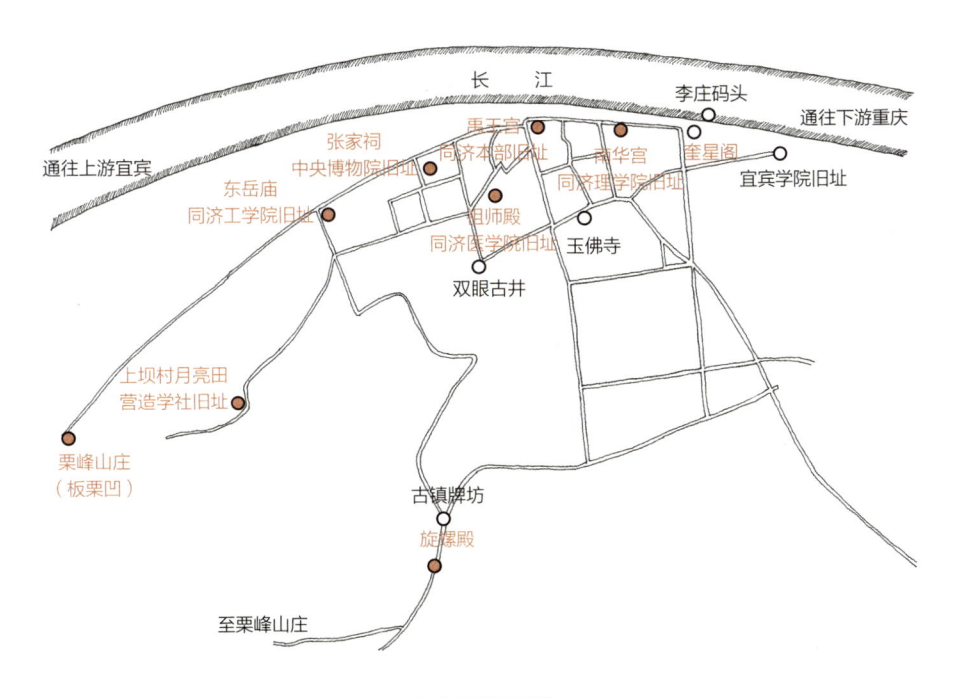

李庄手绘地图

弟弟捐躯

1941年，林徽因37岁，林恒25岁

1928年，林徽因回福州省亲时带母亲何雪媛和二弟林暄去了东北，林暄就读于东北大学建筑系。1935年，19岁的三弟林恒从福建来到北平，投奔姐姐，准备报考清华机械系，林徽因安排他在汇文中学读书。

林家的父辈林觉民、林尹民、林长民都是为了自己的理想而付出了生命，林家的子女依然和他们的父辈一样热血满腔。1935年冬，林恒怀着满腔的爱国热情参加了"一二·九"运动，但游行队伍遭到军警们的镇压，林恒不幸受伤。这件事改变了林恒的信念，他放弃了报考清华大学的梦想，投笔从戎，成为中国空军航空学校第十期学员。1940年，林恒以第二名的成绩毕业，很快就成为一名老练的战斗机驾驶员。

当时，中国只有一些老旧破烂、勉强能飞的飞机，驾驶员们就用这些飞机和满腔热血，在空中和侵略者展开血战。

1941年3月14日，日军再次对成都发动空袭，林恒在成都上空的空战中牺牲，年仅23岁。梁思成到成都去料理后事。三年后，林徽因用一首诗《哭三弟恒》来纪念这位林家的英雄。

林徽因和梁思成之子梁从诫在《悼中国空军抗日英烈》一文中回忆："刚刚从航校第十期毕业的三舅林恒也在成都上空阵亡了。那一次，由于后方防空警戒系统的不力，大批日机已经飞临成都上空，我方仅有的几架驱逐机才得到命令，仓促起飞迎战，却已经太迟了。三舅的座机刚刚离开跑道，没有拉起来就被敌人居高临下地击落在离跑道尽头只有几百米的地方。"在回忆的文字之中，梁从诫流露着悲伤和无奈："他甚至没有来得及参加一次象样的战斗,就献出了自己年轻的生命。父亲匆匆赶往成都收殓了他的遗体,掩埋在一处无名的墓地里。"

据说,在成都期间,梁思成收拢了几件林恒的遗物,包括一套军服、一把毕业时由部队配发的毕业纪念佩剑,还取走一块林恒驾驶过的飞机残骸。1944年,林徽因费尽心力,在病床上写下长诗《哭三弟恒》,这时距离林恒牺牲已经三年。

哭三弟恒
——三十年空战阵亡

弟弟,我没有适合时代的语言来哀悼你的死;
它是时代向你的要求,
简单的,你给了。
这冷酷简单的壮烈是时代的诗,
这沉默的光荣是你。
假使在这不可免的真实上
多给了悲哀,我想呼喊,
那是——你自己也明了——因为你走得太早,
太早了,弟弟,难为你的勇敢,
机械的落伍,你的机会太惨!
三年了,你阵亡在成都上空,
这三年的时间所做成的不同,
如果我向你说来,你别悲伤,
因为多半不是我们老国。
而是他人在时代中辗动,
我们灵魂流血,炸成了窟窿。
我们已有了盟友、物资同军火,
正是你所曾经希望过。
我记得,记得当时我怎样同你
讨论又讨论,点算又点算,
每一天你是那样耐心地等着,
每天却空的过去,慢得像骆驼!
现在驱逐机已非当日你最理想
驾驶的"老鹰式七五"那样——
那样笨,那样慢,啊,弟弟不要伤心,
你已做到你们所能做的,
别说是谁误了你,是时代无法衡量,
中国还要上前,黑夜在等天亮。
弟弟,我已用这许多不美丽言语
算是诗来追悼你,
要相信我的心多苦,喉咙多哑,
你永不会回来了,我知道,
青年的热血做了科学的代替;
中国的悲怆永沉在我的心底。
啊,你别难过,难过了我给不出安慰。
我曾每日那样想过了几回:
你已给了你所有的,同你去的弟兄

也是一样,献出你们的生命;
已有的年轻一切;将来还有的机会,
可能的壮年工作,老年的智慧;
可能的情爱,家庭,儿女,及那所有
生的权利,喜悦;及生的纠纷!
你们给的真多,都为了谁?你相信
今后中国多少人的幸福要在
你的前头,比自己要紧;那不朽
中国的历史,还需要在世上永久。
你相信,你也做了,最后一切你交出。
我既完全明白,为何我还为着你哭?
只因你是个孩子却没有留什么给自己,
小时我盼着你的幸福,战时你的安全,
今天你没有儿女牵挂需要抚恤同安慰,
而万千国人像已忘掉,你死是为了谁!

林徽因的弟弟林恒

病困交加

1941 年—1942 年

过去有很多女性会患肺结核，当时叫痨病，无法根治。如果生活条件好，能够得到良好的营养和休息，就可以得到缓解；当抵抗力降低时，病情就会马上加重。林徽因在大足石刻考察时受了风寒，回到李庄以后肺病越来越严重，瘦得几乎不成人形，只能躺在软床上。

偏远的李庄没有医院，没有医生，战时药品奇缺，只有在大城市才能买得到，况且肺病也没有特效药，林徽因只能靠体力一点一点地煎熬。梁思成尽力为妻子补充营养，并学会了煮饭、做菜，甚至学会了静脉注射，成为妻子的护士和保姆。

1941 年 2 月，梁思永也病倒了，开始是感冒、气管炎，最后变成了肺病。当时的情况异常危险，幸好梁思成有照顾肺病病人的经验，梁思永才侥幸逃脱鬼门关。

对于这些困难，史语所所长傅斯年都看在眼中，难受在心里。1942 年 4 月 18 日，傅斯年给教育部长朱家骅写信，为梁氏兄弟申请补助。其实梁家兄弟和傅斯年并无深交，只是傅斯年为人仗义豪爽，觉得梁家是名门之后，梁思永和林徽因都是国家的栋梁之才。傅斯年上书，提到林徽因时说："其夫人，今之女学士，才学至少在谢冰心辈之上。"

在那个年代，这笔钱真是雪中送炭，兄弟两家的生活马上就有了明显改善。梁思成肩上的担子也轻了很多，也有时间可以开始工作了，徽因的体重也在"两个月中增加了八磅半"。其实当年傅斯年也困难得靠卖藏书度日，但豪爽的傅斯年仍然把卖书换来的粮食去周济身边更困难的朋友。

破译天书

1942年，梁思成41岁，林徽因38岁

凭借傅斯年的帮助，林徽因和梁思永的病情都逐渐稳定了下来，长久以来无法去野外调查的梁思成终于可以静下心来研究那本让他一直牵挂的书了，那就是《营造法式》。

1919年，朱启钤在南京江南图书馆偶然发现了《营造法式》丁氏手抄本，于是交给商务印书馆石印发行。不过丁氏的《营造法式》是经过多次辗转传抄而来，错漏很多，影绘粗陋。于是，朱启钤想到了他的好朋友、大藏书家陶湘，请他代为搜集《营造法式》的各种传本，进行校勘；并请傅增湘、罗振玉等众多名家参与，对书中术语、注释加以考订；还请了老匠人补绘彩色附图。前后费时7年、耗资5万多元，陶本《营造法式》最终于1925年刻版印行，成为国内外公认的《营造法式》范本。

1925年这本书出版以后，朱启钤私人出资与陶湘等人在自己的寓所中成立营造学会，1930年更名为中国营造学社，并开始发行《营造学社汇刊》。1931年秋，梁思成夫妇正式加盟营造学社。

《营造法式》是世界上最早的建筑学著作，成书于北宋徽宗崇宁二年（1103年），是官方颁布的建筑设计、施工规范，标志着中国古代建筑学的成熟。不过900多年过去了，这本书里的术语已经几乎没有人能看得懂了，破译的重任只有梁思成才能完成。梁思成将语言学和建筑学结合起来，结合多年来考察宋代建筑的实践，把古文译成今文，对术语进行注解，最终完成了《营造法式》的注释工作，只是以当时的环境无法出版。1956年，在朱启钤和梁思成的共同努力下，"天书"《营造法式》才得以正式出版。

著建筑史

1942年，梁思成41岁，林徽因38岁

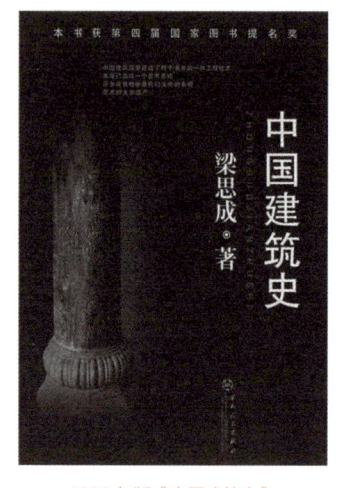

1998年版《中国建筑史》

除了破译《营造法式》之外，梁思成还有一个更大的心病，那就是在中国古代建筑的研究方面，日本人已经超过了中国人。梁思成要写一部中国人自己的《中国建筑史》，要写一部比日本人好得多的《中国建筑史》。而且，这个计划早在他就读东北大学时就开始酝酿了。

这时候梁思成收到了一份重要的礼物，当年营造学社存于天津的全部资料被水淹以后，朱启钤带人将这批图纸和测绘图稿摊开整理，逐页晾干，重新装裱。胶版底片被水浸泡无法挽回，朱启钤带人重新翻拍，尽可能减少损失。翻拍以后，从中选出一批最重要的古建筑图片冲印了两套，分别寄给梁思成和刘敦桢。

正是依靠这些凝聚了营造学社全体社员心血的资料，梁思成才得以着手撰写《中国建筑史》。期间，林徽因带病查阅《二十四史》，承担了大量文献工作，并亲自执笔完成了"五代、宋、辽、金"部分，并对全稿进行了校阅。

1944年，梁思成先后完成了中文版《中国建筑史》和英文版《中国建筑史图录》的内容。中文简体版《中国建筑史》于1945年正式出版。由于种种原因，直到1998年英文版《中国建筑史图录》才得以在海外正式出版，中文简体版于1984年由北京建筑工业出版社正式出版。

返回北平

1945年，梁思成44岁，林徽因41岁

抗战期间，费正清夫妇多次在信中邀请梁林夫妇到美国避难，可是梁思成回信说："我的祖国正在灾难中，我不能离开它，假使我必须死在刺刀或炸弹下，我要死在祖国的土地上。"

1943年，营造学社经费困难，刘敦桢决定到重庆的中央大学建筑系任教。在离开李庄前一天的晚上，刘敦桢和梁思成两位一生钟情中国古建筑的亲密朋友彻夜长谈，感慨万分。1944年，重庆危机。

1949年后梁从诫问母亲，如果当时日本人真的打进四川怎么办？病中的林徽因平静地答道："中国读书人总还有一条后路嘛，咱们家门口不就是扬子江吗？"

1945年夏，日本败局已定。7月28日，日本政府拒绝接受《波茨坦公告》。8月6日和9日美军对日本广岛和长崎投掷原子弹。8月15日，日本无条件投降。战争胜利了，可是营造学社只剩下了梁思成、刘致平、莫宗江、罗哲文四人。经费枯竭，难以为继。

傅斯年建议营造学社与中研院史语所或中央博物院合并，而老战友刘敦桢则邀请梁思成去中央大学建筑系任教。可是中研院和中央大学都在南京，而梁思成和林徽因还是舍不得离开让他们魂牵梦绕的北平，因此他们选择了清华大学，去创办一个全新的建筑系。营造学社的所有资料和人员也都随梁思成一起到了清华大学，中国营造学社从此成为历史。

1946年7月，西南联大北返，梁思成和林徽因同西南联大教授们一起乘坐一架改装的军用飞机从重庆返回了阔别九年的北平。

誉满世界

第八部分

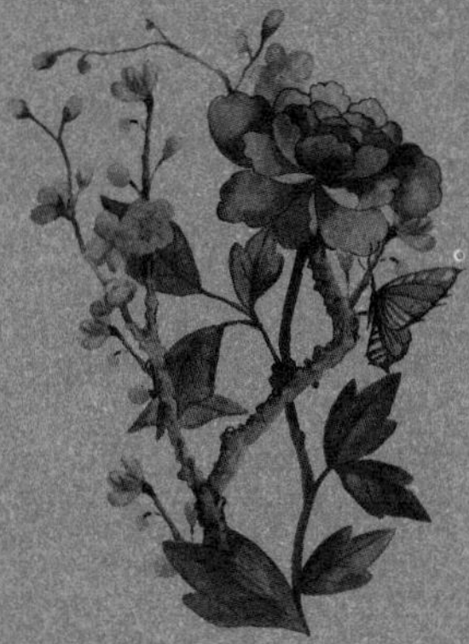

一对学者伉俪，一段激荡历史

几十年的峥嵘岁月里，一直

传说着她的美丽、才华、魅力和爱情

传说着他对一座座古城的眷恋和痴迷

创办清华建筑系

1946年，梁思成45岁，林徽因42岁

抗战胜利后，营造学社走到了终点。1946年，梁思成接受了清华大学的聘书，准备着手创办一所他心目中理想的建筑系。从重庆回到北平后，梁思成和林徽因搬进了清华园的新林院8号，在这里一住就是8年，直到1954年搬到了胜因院12号。

最初的清华建筑系，其实就是原来营造学社的班底，刘致平、莫宗江、罗哲文，以及梁思成在重庆的助手吴良镛，都去了清华任教，加上营造学社多年积累的资料，清华建筑系可谓具备了天时、地利、人和。刘致平是梁思成和林徽因在沈阳东北大学培养出来的高材生，莫宗江和罗哲文是梁思成在营造学社培养出来的弟子。

不过清华建筑系还未开学，梁思成就收到了美国耶鲁大学的邀请，请他去讲学。1946年10月，梁思成飞往美国，在那里长达一年多，筹建清华建筑系的重担就落在了病中的林徽因身上。林徽因既有创办东北大学建筑系的经验，又经历了这么多年营造学社的磨炼，完全可以胜任。虽然梁思成不在，但是很快清华建筑系就走上了正轨。 1947年梁思成回国后，将建筑系改名为营建系，还在建筑系中设立了工艺美术组和清华文物馆。

清华营建系的教师阵容很强大。梁思成除了亲自开设外国建筑史、中国建筑史等多门课程，还聘请了国画大师吴冠中，并请校外的名家做各种讲座，请常书鸿先生讲敦煌石窟，请侯仁之先生讲北京历史地理，等等，凡是和梁思成相识的学者几乎都被请到营造系讲课。他的目标是把清华营建系打造成为世界一流的建筑系，他的目标是要培养世界一流的建筑师。

在耶鲁讲学

1946 年 10 月—1947 年 6 月

梁思成一家刚在新林院安家,教育部和清华大学便委派他赴美考察建筑教育,同时他还接到了美国耶鲁大学的邀请。1946 年 10 月,梁思成带着自己的两部大作《中国建筑史》和《中国雕塑史》,去了阔别 20 多年的美国。此时,他已经是一名世界瞩目的中国建筑史学家。耶鲁视觉影像中心至今还保存着 400 多张当年梁思成教学用的投影片。

1947 年 4 月,美国普林斯顿大学建校二百周年,举办纪念活动,邀请梁思成主持"远东文化与社会"研讨会。到会的有来自全世界的 60 多位专家学者,包括他的好朋友费正清夫妇,抗战之后一别多年,在美国相见分外亲切。在研讨会,梁思成上做了"唐宋雕塑"和"建筑发现"两个学术演讲,还特别准备了一次中国建筑图片展。研讨会结束以后,普林斯顿大学授予梁思成荣誉博士学位。

1947 年 6 月,林徽因的病情恶化,梁思成只好提前结束美国行程。离开前,梁思成来到费正清夫妇家中交代了一份重要书稿,那就是他在李庄时写成的英文版《中国建筑史图录》。他把测绘图稿和照片交给了费正清夫妇,费慰梅把提前整理好的文字部分交给了梁思成,梁思成准备在回国的路上进行修改,然后在美国出版。可谁都没有想到,这一走竟然就是永别。梁思成回国后,内战已经爆发,不久抗美援朝战争爆发,中美关系中断,手稿再也没有寄出,这一等就是 30 多年。直到中国改革开放以后,中美两国正式建立外交关系,费正清夫妇才把它们重新合为一体,1984 年英文版《中国建筑史图录》终于在美国出版。

当选院士

1948 年梁思成 47 岁

1948 年初，从南京传来一个好消息，梁思成当选为"中央研究院"首届院士。

其实，"中央研究院"早在 1928 年就成立了，它是中华民国时期的最高学术研究机关，并列于立法、司法、行政、监察、考试五大院，隶属于南京政府。蔡元培为首任院长，他陆续设立了 14 个研究所，其中历史语言研究所是该院最大的一个所，具有举足轻重的地位。

"中央研究院"标志

抗战期间，梁思成和营造学社一直跟随史语所关系很密切。1945 年史语所里的赵元任当选为美国语言学会会长，1948 年李方桂当选为美国语言学会副会长。当年该所的语言学在世界名列前茅，而且在殷墟考古、居延汉简、内阁大库文献的研究方面影响巨大。

早在 1935 年，"中央研究院"就准备评选"中央研究院"院士，选出了 15 名筹备委员会委员，由于抗日战争爆发，这个进程便中断了八年。抗战胜利后，1947 年评选院士的工作重新启动，在全国学术界展开院士候选人的提名，最终从 402 人中确定了 81 名首届院士。梁思成、梁思永、金岳霖、钱端升，以及考古学家李济、史学家陈垣、地质学家李四光等，都名列其中。

内战的炮声逼近南京，不久之后"中央研究院"也走到了尽头。1949 年，部分院士机构搬迁到了台湾，现在的"中央研究院"是台湾地区最高学术研究机关。1949 年 10 月，"中央研究院"留在大陆的各机构都被中国科学院接收。

设计国旗

1948 年—1949 年

1948 年，梁思成带着院士之荣回到了清华园。1949 年 1 月，解放军包围了北平城，张奚若带头与张岱年、费孝通、钱伟长、李广田等 37 位教授联名发表了《对时局的宣言》，希望和平解放北平，免得生灵涂炭，古都沦为废墟。一天，张奚若带领两位身穿灰色棉军装、头戴皮帽子的解放军干部来到清华园中新林院 8 号梁思成的家，请梁思成在他们带来的军用地图上标出北平地区重要古建筑和文化古迹的位置，画出禁止炮击的地区。于是，梁思成标记的《北平重点文物图》很快就挂在了西柏坡平津战役指挥所的墙上。

根据毛泽东和周恩来的指示，解放军请梁思成和林徽因组织清华建筑系教师编写了《全国古建筑文物简目》和《古建筑保护须知》，印发给南下作战的部队，使得解放战争中很多古建筑得到了保护。之后，中国共产党决定改建中南海的怀仁堂，被党中央聘为建设顾问的梁思成承担起了这个重任。

1949 年 9 月 21 日至 30 日，第一届中国人民政治协商会议在怀仁堂召开。梁思成和张奚若建议以《义勇军进行曲》作为国歌。在确定中华人民共和国国旗为五星红旗后，梁思成接到了设计国旗的任务，他根据政协对原国旗方案修改的意见，连夜为国旗绘制了第一张准确的设计图，采用坐标确定了国旗的比例，确定了五颗星的大小、位置和方向。10 月 1 日开国大典当天，梁思成作为中国人民政治协商会议的特约代表，登上了天安门城楼。下午 3 时，毛泽东和朱德最先登上了天安门城楼。在国歌《义勇军进行曲》的乐曲声中，毛泽东启动电钮，中华人民共和国第一面五星红旗冉冉升起。

挽救景泰蓝

1951年—1958年

早在梁思成和林徽因在宾大留学时，宾大博物馆中一对巨大的景泰蓝狮子就给他们留下了深刻印象。

景泰蓝是北京著名的传统手工艺品，又称"铜胎掐丝珐琅"，具有600年的历史。珐琅釉以蓝色为主，于明朝景泰年间盛行，故而得名"景泰蓝"。景泰蓝在清末开始衰败，"七七事变"以后，外销断绝，使得生产作坊纷纷倒闭。到了1949年，从事景泰蓝生产的工人只剩几十人，这一优秀传统工艺濒临灭绝。

为挽救景泰蓝，梁思成、林徽因在清华大学营建系成立了景泰蓝工艺美术小组，其学生钱美华加入了小组。当时，钱美华的住所位于崇文门，林徽因就推荐她到不远的沈从文那里去学习。1949年后，沈从文放弃了写作，一心研究中国古代文物，成为这方面的权威专家。沈从文当年在故宫工作时，就让钱美华去存放景泰蓝的故宫珍宝馆里临摹历代景泰蓝精品。

那时，医生一次又一次地向林徽因发出病危警告，但她仍在梁思成陪同下，坚持带着她的助手莫宗江、常沙娜、钱美华等人，多次跑到景泰蓝工厂去调查，设计景泰蓝的造型、图案及配色。

1953年钱美华从清华大学毕业后，被分配到北京市特种工艺公司任研究员。1955年春，林徽因病重住进同仁医院，钱美华赶去看望，林徽因虚弱地说："景泰蓝是国宝，不要在新中国失传。"老师的一句话决定了钱美华一生的目标。

1958年工商业改造，合并成立北京市珐琅厂，郭沫若题写了厂名。钱美华要求到珐琅厂工作，一做就是一辈子，从而成为景泰蓝设计第一人，她的学生后来也都成了中国工艺美术大师。

战友陈占祥

1950年，梁思成49岁，陈占祥34岁

陈占祥，出生于上海，原籍浙江省奉化县。1935年考入上海雷士德工学院，1943年毕业于英国利物浦大学建筑学院，后到伦敦大学攻读都市计划博士。他还被选为利物浦大学建筑学院学生会主席，这也是第一次由中国人担任这一职务。陈占祥向英国工人和社会各界进行了500多次讲演，1945年在伦敦召开的世界民主青年代表大会上当选为大会副主席，当时他才29岁。

由于成绩突出，陈占祥被收为英国皇家城市规划学会的会员。1946年，南京国民政府邀聘陈占祥回国主持北京城市规划工作，他毅然放弃博士生学业，立即奔向祖国的怀抱，决心留在中国。

陈占祥毛遂自荐，给梁思成写信。梁思成当时正在为清华建筑系招兵买马，邀请吴良镛、程应铨、朱畅中、戴念慈等人来京，当他收到陈占祥的信时，马上把他推荐给了当时的北京市市长聂荣臻，邀请陈占祥北上。梁思成在致聂荣臻的信里曾提到："陈占祥先生在英国随名师研究都市计划学，这在中国是极少有的。"从此，陈占祥成为了新林院8号的贵客。虽然两个人年龄相差15岁，却一见如故。

建国后，陈占祥历任北京市都市计划委员会企划处处长，北京市建筑设计院副总建筑师，中国城市规划设计研究院总工程师、高级工程师，北京大学名誉教授，中国建筑学会第五届常务理事，等等。1950年，陈占祥与梁思成合写了《关于中央人民政府行政中心区位置的建议》一文，撰有《中国建筑理论》《古代中国城市规划》等论文。陈占祥治学严谨，作风踏实，为我国城市规划事业的发展做出了积极的贡献。

规划北京

1950 年，梁思成 49 岁，陈占祥 34 岁

1949 年初，北平改为北京，被确立为中华人民共和国的首都，一个新的时代开始了。

5 月 22 日，北京市都市计划委员会（简称计划委）在北海公园正式成立，梁思成被任命为副主任，是北京都市计划委员会的实际负责人。梁思成一上任就邀请童寯等建筑专家来北京，并向市长聂荣臻推荐了陈占祥。梁思成终于可以为这座他最心爱的古城做一番规划了。

激情澎湃的梁思成很快写成了《城市的体形及其计划》，希望北京不要大规模发展工业，把北京城建成风景优美的政治文化中心。他曾提出：

1. 北京市应当是政治和文化中心，而不是工业中心。
2. 必须阻止工业发展。因为它将导致交通堵塞、环境污染、人口剧增和住房短缺。
3. 严格保护紫禁城。
4. 在老城墙里面的建筑物要限制在两层到三层。
5. 在城西建造一个沿南北轴向的政府行政中心。

他还呼吁："在世界上封建时代名都大邑中，北京城是唯一得以完整保留下来的，所以对它的保留具有保护世界文化遗产的意义。"他建议把宽阔的城墙顶部开辟为登高游览的地方，同时把墙外的护城河加以修砌，注以清流，对两岸进行绿化，在老城墙上"栽种花草，安设公园椅"，造就一个全长 39.75 公里的环城立体公园，人们可以在城楼上"俯视护城河，远望西山或紫禁城宫殿"。可惜，后来这个方案被否决了。

"梁陈方案"

1950年，梁思成49岁，陈占祥34岁

1949年末城市规划会议以后，梁思成和陈占祥认识到北京的规划迫在眉睫，他们认为应该完整地保留北京古城，在城市西郊建设新城，建设成气势宏伟的新行政中心。其实早在日占时期，北京就被进行了分区：东郊为工业区，西郊为新市区。梁思成觉得可以利用"新市区"，在公主坟一带规划北京的新行政中心，这样就能把古城完整地保留下来。陈占祥认为，新区距离老城有点远，交通不太方便，可以在公主坟和老城中间的月坛附近规划新的行政中心，新中心距离老城比较近，交通就不是问题了。梁思成同意了陈占祥的观点，两个人马上根据这个思路开始动手设计。

1950年2月，梁思成和陈占祥提出《关于中央人民政府行政中心区位置的建议》，史称"梁陈方案"。他们认为，由于城墙所限，老城内缺乏可用的空地，同时"新市区"又离城过远，与老城区缺乏必要的衔接。因此"建议展拓城外西面郊区公主坟以东，月坛以西的适中地点，有计划地为政府行政工作开辟政府行政机关所必需足用的地址，定为首都的行政中心区域。"尤其在旧城内建造中央行政中心，存在着两方面的困难，"第一，北京原来布局的系统和它的完整，正是今天不可能位置庞大工作中心区域的因素。第二，现代行政机构所需要的总面积至少要大过于旧日的皇城，还要保留若干发展余地。在城垣以内不可能寻出位置适当而又足够的位置"。

梁思成将"梁陈方案"自费印发了一百多份，送到中央人民政府和北京市人民政府的各机关及首长处。4月10日，梁思成送给周恩来一份，恳请赐阅，并写信说明北京及早确定行政中心区位置的重要性。

设计人民英雄纪念碑

1952 年，梁思成 51 岁，林徽因 48 岁

　　开国大典的前两天，在中南海怀仁堂，政协一届一次全体会议通过了建造人民英雄纪念碑的提案。

　　会议结束后，刚刚当选主席的毛泽东与全体政协委员一起来到了天安门广场，当时广场还不大，长安左门、右门、中华门和千步廊都在。在中华门的北边，举行了人民英雄纪念碑奠基典礼，毛泽东宣读了碑文，并与委员们一起执锹破土。

　　接着向全国征集了180种纪念碑的设计方案，大致分为：平铺方案、雕塑方案、纪念碑方案。梁思成和林徽因主张人民英雄纪念碑的设计应采用碑的形式，以碑文为主题，以符合中华民族的传统。

　　林徽因说："任何雕像或群雕都不可能和毛泽东亲题的'人民英雄永垂不朽'和周恩来亲题的碑文相比。"都市计划委员会经过多次讨论，最终采纳了他们的建议。

　　1952年5月10日，人民英雄纪念碑兴建委员会成立，北京市委书记彭真担任主任，梁思成为副主任，林徽因为委员会委员。当时梁思成工作繁忙，经常赴苏联访问或参加各种会议，林徽因在很多时候成为设计小组的实际负责人。

　　纪念碑大须弥碑座上有八幅近代历史浮雕，上面的小须弥碑座上的一系列装饰花环浮雕都是由林徽因亲自设计的。林徽因以唐代敦煌的装饰风格为基调，选择原产中国的牡丹、荷花和菊花作为主体，对比世界各地的花卉图案，描画了上百次才最终完成。

人民英雄纪念碑本来是按照传统坐北朝南的，周恩来在审定时提出，人们一般都是通过长安街去看纪念碑，建议改为坐南朝北，面向天安门。1958年人民英雄纪念碑建成时，拆除了长安左右门、东西千步廊和中华门，并且在两边修建了人民大会堂和国家博物馆。

纪念碑由17000块花岗石和汉白玉砌成，其中最大的一块石料是碑心石，采自青岛，石坯重达320多吨，在中国建筑史上极为罕见，用了7个半月才运到工地上。碑心石上雕刻着毛主席手书的"人民英雄永垂不朽"八个鎏金大字，碑的后面是由毛泽东起草、由周恩来手书的碑文。

人民英雄纪念碑从1952年开工到1958年落成，一共用了八年多的时间，1961年成为第一批全国重点文物保护单位。

第九部分

永别亲友

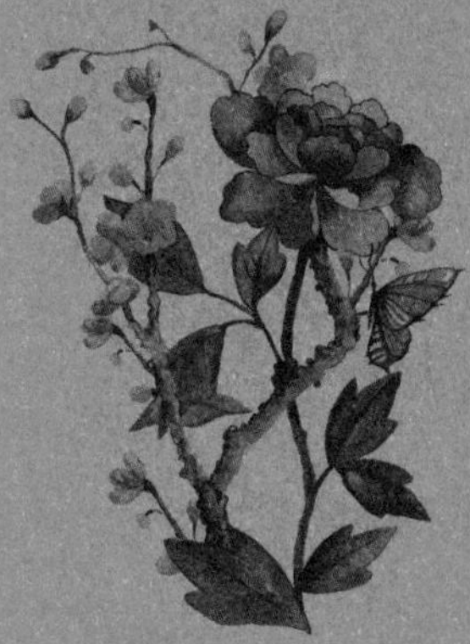

一对学者伉俪，一段激荡历史

几十年的峥嵘岁月里，一直

传说着她的美丽、才华、魅力和爱情

传说着他对一座座古城的眷恋和痴迷

死是安慰

1955 年林徽因 51 岁

死是安慰

个个连环,永打不开,
生是个结,又是个结!
死的实在,
一朵云彩。

一根绳索,永远牵住,
生是张风筝,难得飘远,
死是江雾,
迷茫飞去?

长条旅程,永在中途,
生是串脚步,泥般沉重——
死是尽处,
不再辛苦。

一曲溪涧,日夜流水,
生是种奔逝,用在离别!
死只一回,
它是安慰。

医生曾多次给林徽因下过病危通知,可是她一次又一次地挺了过来,卧病在床给学生讲授《中国建筑史》、设计国徽、参与纪念碑的设计、拯救景泰蓝,还坚持登上午门城楼去看常书鸿父女的"敦煌艺术展览",她一直在和自己的命运做斗争。

1955 年初,林徽因的身体经不住从城内到清华的往返颠簸,陈占祥就把梁思成夫妇接到自己在西单横二条的家中。1 月,梁思成也被传染上了肺结核,住进了同仁医院,不久林徽因也住进了隔壁病房。梁思成病情稍有好转后,每天都去看望病重的妻子。3 月 31 日,林徽因病危,4 月 1 日医治无效去世,时年 51 岁。次日,《人民日报》《北京日报》刊登了林徽因的讣告。林徽因的停灵设在贤良寺,追悼会上金岳霖赠送了一幅挽联,上面写着"一身诗意千寻瀑,万古人间四月天"。追悼会结束后,林徽因被埋葬在了八宝山革命公墓。

林徽因从 20 多岁开始就被肺病所折磨,在短短 52 个年头的人生中,大半生都在病痛之中度过。这不禁让人想起林徽因在沈从文担任主编的《益世报·文学周刊》上发表的一首诗,名字叫作《死是安慰》。

设计革命公墓

1955年，林徽因51岁，梁思成54岁

由于林徽因参加过国徽和人民英雄纪念碑的设计，因此在她去世后，北京市人民政府把她安葬在了八宝山革命公墓，建坟立碑，而这个公墓正是林徽因规划设计的。

1949年末，周恩来考虑要在北京建一座革命公墓，当时的北京市副市长吴晗亲自带人进行选点勘察，最终选址在八宝山的褒忠护国寺。八宝山山势低缓，因出产八种矿产而得名，附近原本就有老山公墓和老山骨灰堂。

北京市革命公墓的主体建筑和总布局由林徽因设计，公墓内遍植苍松翠柏，庄严肃穆。1950年公墓建成之后并没有根据逝者身份进行分类，仅是按去世的先后顺序依次建墓。1950年，任弼时逝世，下葬在公墓东部第一幕区中央位置，墓地由梁思成设计，被称为八宝山第一墓。后来，张澜老人逝世，葬在任弼时墓右。1955年瞿秋白牺牲20周年，从福建迁葬在任弼时墓左，后来陆续形成了第一墓区。接下来，又扩展了第二墓区和第三墓区。

林徽因的墓位于第二墓区，根据她生前和梁思成的约定——"谁先死了，另一个要给他设计墓碑"，于是梁思成亲自为妻子设计了墓碑。她的助手莫宗江为墓碑题字"建筑师林徽因之墓"。在不远处长眠的是梁思成的弟弟梁思永，梁思成为弟弟设计了汉白玉卧式墓碑，上面由郭沫若题字"中国科学院考古研究所副所长梁思永先生之墓"。

60年代以后，国家提倡火化，在八宝山革命公墓附近建成了北京最大的殡仪馆——八宝山殡仪馆。后在褒忠护国寺原址上建成了革命公墓骨灰堂，梁思成、金岳霖去世后的骨灰就存放在这里。

相伴林洙

1962年，梁思成61岁，林洙34岁

　　梁思成的第二任妻子林洙是福建人，和林徽因是老乡。1948年，林洙当时的男友程应铨到清华大学建筑系任教，林洙也跟着北上求学。林洙的父亲曾托林徽因为林洙进入清华大学先修班提供帮助，辅导功课。林洙后来描述自己第一次见林徽因时说："她是我一生中见到的最美、最有风度的女子。"

　　1949年后林洙和程应铨结婚，1957年二人离婚，由林洙抚养一子一女。

　　1959年，林洙作为清华大学建筑系资料馆的管理员，承担了为梁思成整理资料的工作，闲暇时间，二人时常聊天、谈心，慢慢地两人开始频繁接触并产生了感情。

　　1962年，林洙与比她年长27岁的梁思成结婚。当年，这桩婚姻遭到梁思成生活圈子里各方面的强烈反对：梁思成的弟弟妹妹们联名给他写了一封抗议信；梁思成与林徽因多年的好友张奚若曾声称，若梁执意与林洙结婚，便与他绝交；梁思成的女儿梁再冰也极力反对。

　　1966年6月，清华大学出现了批判梁思成的大字报，梁思成被打成了"右派"，被当作"复古"典型批判并抄家，所收藏的全部图书资料被没收。不过，林洙并没有因此而抛弃梁思成，而是悉心守护着他，做他的保姆、理发师和护士。1971年末，梁思成在北京医院的病床上对陈占祥说："这几年，多亏了林洙啊！"

　　梁思成去世后的40年里，林洙成了梁思成作品的整理和编纂者，她整理出版了一本又一本关于梁思成的书：《困惑的大匠》《中国营造社史略》《梁思成建筑画》《未完成的测绘图》……

感情错综复杂

1948年—1968年

程应铨是林洙的前夫，抗战期间就读于重庆中央大学建筑系，师从刘敦桢。1944年初，程应铨投笔从戎参加中国远征军，在缅甸前线担任翻译，抗战胜利后复员，准备到上海工作。彼时，程应铨的哥哥在昆明天祥中学任教，天祥中学的学生林洙一家要返回上海，程应镠便让弟弟程应铨在路上照顾好林家人。林洙的父亲也是学建筑出身，与程应铨一见如故，并将女儿林洙许配给他。

抗战胜利后，中国营造学社并入清华营建系。程应铨的同学吴良镛应梁氏夫妇之邀，到清华任教。不久之后，吴良镛留学美国，他向梁思成推荐了在上海工作的程应铨。

1948年，程应铨带着未婚妻林洙来到清华任教，并得到了梁思成的赏识，成为他的得力助手。

程应铨是清华建筑系规划教研组组长，当年被称为建筑系"四大金刚"之一。他很有才华，个性十足，非常绅士，他的课也深受学生们的欢迎。程应铨还非常喜欢摄影，经常替亲友照相，沈从文的不少个人照均出自程应铨之手。

当年林洙想考清华，便请福州同乡林徽因帮忙辅导功课。1949年，林洙和程应铨在清华大学水利馆举行婚礼，梁思成是证婚人。

1957年"反右"开始，程应铨被打成"右派"，林洙受牵连，由秘书变成了资料员。不久后，林洙与程应铨离婚，独自抚养一对儿女。

1962年，梁思成和林洙结婚，三人的关系在建筑界传得沸沸扬扬。1968年，程应铨去世。

姨娘王桂荃

1886 年出生，1968 年去世

梁启超有两位夫人：原配李惠仙，儿女们称呼她"妈妈"；二夫人王桂荃，儿女们称呼她"娘"。王桂荃的身世很悲惨，4 岁时父亲猝死，继母把她卖给人家做了丫头，她 10 岁时已经被转卖了四次，最后卖到了李惠仙家，跟着又到了梁家。"王桂荃"这个名字还是梁启超给她起的。

李惠仙生了三个孩子，长女思顺、长子思成、次女思庄，后经李惠仙介绍，王桂荃当了梁启超的二房。1903 年，在日本，18 岁王桂荃嫁给了梁启超，生育了六个孩子。李惠仙早梁启超五年去世。1929 年梁启超去世后，留给王桂荃九个儿女：思顺结婚了，思成才刚刚工作，思永、思忠、思庄都在国外读书，还有三个在国内上学，思礼只有四岁半。王桂荃成了梁家的顶梁柱。

梁启超在天津意大利租界有两栋小楼，一栋是寓所，一栋是饮冰室书房，现在已经变成了梁启超纪念馆。梁启超去世以后，失去经济来源的王桂荃为了抚养子女，忍痛卖掉了寓所，住在书房饮冰室中。子女们长大后陆续离开，但也经常带孩子们回天津饮冰室小住。直到 1949 年后，因子女们都在北京，64 岁的王桂荃才卖掉了饮冰室，搬到了北京西单手帕胡同。

王桂荃不识字，却千方百计让孩子们多读书，为了鼓励他们，自己也跟着一起学习，几年后竟然也能读书看报了。王桂荃对九个孩子都视为己出，把他们都培养成才，梁思成、梁思永、梁思礼后来都成了院士。

1968 年，82 岁的王桂荃去世后，没能葬在梁启超的墓里。1995 年，梁家子女们在位于北京香山的梁启超与李惠仙的合葬墓旁种下了一棵母亲树，并立碑纪念，碑文由梁再冰撰写，碑上刻有她的名字——王桂荃。

梁思成离世

1972年，梁思成71岁，林洙44岁

林徽因去世后，梁思成出院，住在颐和园中的谐趣园养病。不幸的是，"文革"期间，梁思成被打成"右派"，停发工资，身无存款，屡次遭到抄家批斗和游行示众，心力交瘁，病入膏肓。

1972年1月9日，在北京医院，梁思成在病困交加中含冤去世，终年71岁。当时，梁从诫正在江西"五七干校"劳动，梁再冰在国外。周恩来知道后，顶着压力破例为"反动学术权威"梁思成召开追悼会。

1月12日，李先念、郭沫若等参加了梁思成的追悼会。次日，北京各大报纸登载了梁思成去世的消息。

追悼会由郭沫若主持，当时的北京市委书记丁国钰致悼词。他在悼词中说："梁思成同志在新中国成立以后，热爱伟大领袖毛主席，拥护中国共产党，拥护社会主义，努力从事教育事业，对我国的建筑科学做了有益的工作。"

梁思成在八宝山火化后，骨灰安放在了革命公墓骨灰堂，距离林徽因的墓地只有一步之遥。1978年，梁思成终于得到平反。

当年新华社对于梁思成逝世的报道

林母何雪媛

1882年出生，1972年去世

何雪媛是林长民的续弦。林长民的大太太叶氏，病逝过早，也没留下子嗣。何雪媛生过一男两女，只有林徽因活了下来。在重男轻女的时代，何雪媛显然是得不到婆婆的欢心的。

旧时代，不孝有三，无后为大。何雪媛传嫡无望，林长民便再娶上海女子程桂林，为他一连生了几个儿子，举家欢喜。

林长民经常住在"桂林一枝室"里，其乐融融。林徽因和何雪媛被撵到了后院。从此，前院承欢，后院凄清。

林徽因结婚的时候，父亲林长民已经去世。对林徽因和梁思成的婚事，何雪媛和梁思成的母亲李夫人看法完全不同，她看中了这个朴实的小伙子，对这门亲事相当满意。

在他们结婚前，每当梁思成来看林徽因时，何雪媛总是吩咐从福州带来的厨子精心准备几个潮州菜。

何雪媛大半辈子跟着林徽因生活。1955年，林徽因因病去世，她依然住在女婿梁思成的家里。后来梁思成再娶，她就跟梁思成和林洙一起生活。再后来，梁思成也去世了，林洙便接过担子，负责照顾何雪媛的起居。

梁思成去世时，何雪媛都快九十岁了，她人生的最后半年是靠林洙照顾的，她甚至都不知道在北京医院里的女婿已经不在人世了。

当年周恩来得知林徽因母亲仍然健在，生活比较困难，就特批了每个月五十元的生活费。

1972年，何雪媛老人离开了人世，享年九十岁。

金岳霖去世

1984年，金岳霖89岁

1950年金岳霖到清华大学任教，1952年清华院系调整，金岳霖被调到北京大学哲学系，后来调入中国科学院哲学研究所。1962年中国社科院在北京干面胡同11号楼建宿舍院，金岳霖便搬到了这里。

在金岳霖88岁生日的时候，与其同庚的冯友兰先生送给他一副寿联——"何止于米，相期以茶；论高白马，道超青牛"，既表达了两位老人期望二十年后再聚首的愿望，又充分肯定了金岳霖先生的学术成就，称赞他的哲学造诣在方法论上胜过以"白马非马"论题展示辩才的公孙龙，在本体论上超过道家创始人老子。"论高白马，道超青牛"当非溢美之词。

散木在《再说金岳霖》一文中写道：

"金岳霖的专攻，今天非专业的人是很少有兴趣了。曾经有人说：金岳霖的学问，'思想过于周密，理论过于深邃，文字过于严谨，不善于运用符号的人不能了解其学说思想，而善于运用符号的人既不多，故了解金先生学说思想的人甚寥寥。'"

据说，林徽因去世后，金岳霖经常探访林徽因的墓地。有一次，金岳霖突然把所有的老朋友请到北京饭店聚餐。席间，金岳霖站起来说："今天是徽因的生日。"在场的所有人都为之动容。

金岳霖终生未娶，晚年有梁思诚之子梁从诫侍奉在侧，在干面胡同宿舍颐养天年，梁家人都称他"金爸"。金岳霖在这里度过了人生的最后22年，享年89岁。

第十部分 身后人与事

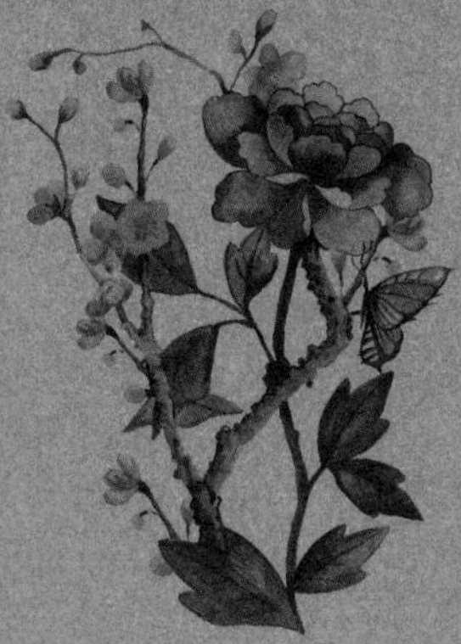

一对学者伉俪，一段激荡历史

几十年的峥嵘岁月里，一直

传说着她的美丽、才华、魅力和爱情

传说着他对一座座古城的眷恋和痴迷

女儿梁再冰

1928 年 8 月出生

梁再冰,梁思成与林徽因的长女,梁启超的长孙女。

1929年年初,梁启超逝世,当时梁思成、林徽因还在东北大学任教。8月暑假,林徽因回到北京,在协和医院生下女儿,取名再冰,意为纪念饮冰室主人梁启超。8年后抗日战争爆发,梁再冰跟着父母离开北平,一路逃难,先到长沙,后到昆明,最后落脚李庄,在颠沛流离中渡过了童年。

1946年,梁再冰入北京大学读书,住在北大女生宿舍"灰楼"——那是梁思成在抗战前设计的一座三层建筑,林徽因觉得有些呆板,便在上面加了半层,梁再冰上学的时候就住在这半层中。梁再冰读大三时,做出了一个让父母倍感惊讶的决定——她要响应党的号召,南下参军。梁林夫妇虽很惊讶,但也只好答应。1949年后梁再冰担任新华社高级记者,曾与丈夫一起先后在英国、澳大利亚作为新华社驻外记者工作多年,1991年退休。

2004 年 6 月 10 日,在清华大学建筑学院举行的"林徽因百年诞辰纪念会"上,梁再冰心情激动地走上讲台,刚一开口声音就哽咽了。她说:"母亲的一生很短,只有51年的时间,中间又经过了抗战中最艰苦的一段生活。这次因为要纪念她的百年诞辰,我翻阅了很多过去的信件、材料,对母亲又有了新的认识,对她的工作和思想又有了新的发现……现在的人提到林徽因,不是把她看成美女,就是把她看成才女。实际上,我认为她更主要的是一位非常有社会责任感的建筑学家。她和我父亲梁思成是长期的合作者,这种合作基于他们共同的理念,和他们对这个事业的献身精神……母亲一生没有住过自己设计的房子,北总布的院子也是父母租的……"

儿子梁从诫

1932 年出生，2010 年去世

1949 年梁从诫 17 岁，当时梁思成是国旗国徽评选委员会顾问，他背着父亲提交的国旗设计方案在 2992 份方案中脱颖而出，成为入选的 38 份方案之一。

"从诫"这两个字意味着，梁思成和林徽因想要自己的儿子能够跟随《营造法式》作者李诫成为一位建筑学家。可惜他考清华建筑系时差了两分，只能去清华历史系。院系调整以后，梁从诫跟着历史系去了北大。1955 年梁从诫在北大历史系攻读研究生期间，和周如枚喜结连理。周培源和梁思成是清华大学同学，也是多年来的好朋友，梁从诫从小就叫周培源为"周爸"。周如枚是周培源的大女儿，当时在交通部外事局担任翻译。

1958 年梁从诫研究生毕业后，在云南大学历史系任教；1962 年回到北京，后在中国大百科全书出版社工作，参与创办《百科知识》月刊；1988 年转到民办的中国文化书院工作；1993 年开始关注民间环境保护活动；1994 年创建了中国第一个群众性、会员制的民间环境保护组织——"自然之友"。

梁从诫晚年曾担任全国政协委员、政协常委，但是他仍然保持着简单而朴素的生活方式。2010 年 10 月 28 日，梁从诫在北京病逝，享年 79 岁。

梁从诫出版过的唯一一本书《不重合的圈》

梁思成建筑奖
2000 年设立

梁思成是中国著名的建筑师、建筑历史学家、建筑教育家，是中国建筑历史研究与中国现代建筑教育体系的开拓者和奠基者。

1953 年，他参与组建了中国建筑学会，并担任第一届理事会副理事长。1955 年，中国建筑学会加入了国际建筑师协会。1999 年，经中国建筑学会努力协调，国际建筑师协会第 20 届大会在中国北京举行，这是国际建筑师协会成立 50 年来第一次在中国举行大会。这次北京盛会共举办了 12 个展览，有来自 106 个国家和地区的 6100 多人参加，近 10 万人观看。

大会还发布了《北京宪章》，这是继《雅典宪章》和《马丘比丘宪章》之后国际建筑界的第三个宪章，意义深远。

2000 年，中华人民共和国建设部和中国建筑学会创立了梁思成建筑奖，并设立了梁思成建筑奖专项奖励基金，以表彰、奖励在建筑界做出重大成绩和卓越贡献的杰出建筑师、建筑理论家和建筑教育家。

2000 年，首届"梁思成建筑奖"授予 9 名优秀的建筑师。从 2001 年起，奖项改为每两年评选一次，每次两位，每位可获得 10 万元人民币的奖励。2014 年，梁思成建筑奖由中国建筑学会独立主办。2016 年，梁思成建筑奖开始在世界范围内进行评选。

梁思成建筑奖设立以来，已有吴良镛、何镜堂、张锦秋、魏敦山、齐康、关肇邺、马国馨、彭一刚、程泰宁、王小东、崔愷、柴裴义、黄星元、莫伯治、张开济、赵冬日等杰出建筑师获得该奖。

第十部分　身后人与事

1992年梁思成去世20年周年，中国邮政总局发行了梁思成纪念邮票，这套邮票是中国首次发行的以科学家为主题的系列纪念邮票。

营造学社纪念馆

2009年在清华开馆

罗哲文，宜昌人，16岁时因喜欢画画，报考了营造学社，被顺利录取。他先是为刘敦桢先生抄写整理《西南古建筑勘查》，绘制插图。半年后，梁思成将罗哲文收作弟子。

刘致平1995年去世，莫宗江1999年去世，跨越新千年后，罗哲文成了营造学社成员中唯一健在的成员。

2009年是营造学社成立80周年。11月7日，清华大学建筑学院联合国家文物局等多家单位隆重召开"中国营造学社的学术之路"学术讨论会，这是关于营造学社规模最大的一次研讨会。清华建筑学院院长朱文一主持开幕式，八位院士出席，营造学社仅存的成员罗哲文先生到场，梁再冰、林洙等中国营造学社主要成员的家属及后代应邀出席。当天下午，中国营造学社纪念馆在清华大学建筑馆二楼开馆，中国营造学社的文物首次公开亮相。清华建筑学院建筑历史与文物建筑保护研究所所长王吉祥担任中国营造学社纪念馆馆长。

中国营造学社纪念馆中收藏着当年中国营造学社的历史图纸、测绘稿和关于营造学社的大量珍贵文物，其中包括清代皇家建筑师"样式雷"所制烫样，有梁思成、林徽因主持和参与的人民英雄纪念碑和国徽的设计方案，还有精美的佛光寺大殿等著名建筑的模型。

2012年5月14日，营造学社最后的一位成员罗哲文在北京逝世，享年88岁。据说，中国营造学社将在东北大学恢复成立，目前还在进行各项筹备工作。恢复成立中国营造学社，是罗哲文生前的夙愿。

后记

肉体的生命是有限的，而精神的生命却可以无限延伸。最精彩的人生，也许并不是最有价值的人生，而是最有故事的人生。

很多民国大师都是有故事的人物，如热血的政客、名校的教授、留洋的博士，抑或连中学都没上过的才子。其中，林徽因和梁思成的一生，不可否认是足够有故事的一生。

他们有浪漫的爱情，有挚爱的事业，有美满的家庭，有满腔的热血，有精湛的学术，有文学和诗意，有政治和战争……

他们环游世界，走遍中国，他们有对东方传统深入骨髓的热爱，有对西方文明学习借鉴的体验……

他们写诗、写散文、写小说，他们演戏、画画、讲课，他们考察、设计、建造……

他们的人生丰富而精彩。

谨以此书，致敬梁思成和林徽因，致敬所有有趣而向上的灵魂。如有专家和读者不吝赐教，我将不胜感激。